3days in Takamatsu
다카마츠

CONTENTS

012 다카마츠는 어떤 곳일까?
014 다카마츠 여행 정보
016 다카마츠 교통 정보
018 다카마츠항에서 주변 섬으로 이동
020 기초 일본어

DAY ONE
다카마츠 우동 로드

022 오늘의 루트맵
024 가볍게 시작하는 아침 우동
025 **SPECIAL**
알아두면 좋은 대표 우동 종류
026 사계가 아름다운 공원에서 오전 산책
030 공원 산책 후 간단한 디저트 타임
032 또 먹어도 맛있는 점심 우동
034 싱그러운 분위기의 레트로 공간
038 흔적만 남은 오래된 성터 한 바퀴
040 전망대에서 바라보는 너른 바다
042 **SPECIAL**
선포트 다카마츠의 예술 작품 찾기
044 노을을 감상하는 로맨틱한 저녁
046 끝없이 연결된 거대 상점가
048 **SPECIAL**
다카마츠 중앙상점가에서 쇼핑 삼매경
052 출출한 저녁에 맛보는 야식 우동
054 **SPECIAL**
우동에 질렸다면 다른 메뉴에 도전!
058 야외에서 즐기는 노천 온천
060 |COLUMN| 사누키우동
061 |COLUMN| 우동버스
064 **SHOPPING** 오늘의 수확물

DAY TWO
쇼도시마 버스 여행

066 오늘의 루트맵
068 올리브 섬, 쇼도시마의 현관문
070 오랜 기간 숙성된 간장 창고 탐험
072 흔치 않은 생소면을 맛볼 기회
074 **SPECIAL**
쇼도시마 소면 늘리기 체험
076 100년 이상 된 간장 명가
078 언덕을 수놓는 초록 올리브의 향연
082 하루 두 번 열리는 천사의 산책로
084 오래된 미로의 마을에서 예술 탐험
088 신선하고 정갈한 일식 코스
090 |COLUMN| 쇼도시마 정기 관광버스
094 **SHOPPING** 오늘의 수확물

DAY THREE

메기지마 & 오기지마

- 096 오늘의 루트맵
- 098 도깨비 섬, 메기지마 정상 찍기
- 100 메기지마의 상징과 야외 작품 감상
- 102 **SPECIAL**
  메기지마의 주요 예술 작품
- 104 고양이 섬, 오기지마의 현관문
- 106 자전거 타고 섬 끝까지 떠나기
- 108 오기지마산 식재료로 만든 요리 맛보기
- 110 오래된 골목, 고양이와 벽화의 조화
- 112 어르신을 위한 보행기의 새로운 변신
- 114 오기지마 언덕 위의 푸른 경치
- 116 골목 구석구석 예술 작품 감상
- 118 다카마츠항 근처에서 저녁 우동
- 120 **| COLUMN |** 세토우치 국제예술제
- 122 **SHOPPING** 오늘의 수확물

DAY PLUS

여유 있게 하루 더!

- 124 나오시마
- 126 나오시마의 인기 명소
- 132 나오시마의 명물 맛집
- 134 데시마
- 136 데시마의 인기 명소
- 140 데시마의 명물 맛집
- 144 **SPECIAL**
  베네세 아트 사이트 나오시마
- 150 야시마 & 고켄산
- 152 야시마의 인기 명소
- 155 **SPECIAL**
  시코쿠 순례길, 오헨로
- 157 야시마의 명물 맛집
- 158 고켄산의 인기 명소
- 160 고켄산의 명물 맛집
- 162 고토히라
- 164 고토히라의 인기 명소
- 168 **SPECIAL**
  고토히라구 본궁 코스 살펴보기
- 173 고토히라의 유명 온천
- 174 고토히라의 명물 맛집

- 176 직접 묵어본 다카마츠 추천 호텔
- 178 다카마츠 전도

프롤로그

시코쿠 북쪽 카가와현 중심부에 있는 도시, 다카마츠. 카가와현에서 가장 번화한 도시이자 일본 3대 우동 중 하나인 사누키우동의 고장입니다. 세토우치해와 맞닿아 있어 3년 주기로 개최되는 세토우치 국제예술제를 보기 위해 전 세계에서 많은 사람이 방문합니다.
사실, 우리에게는 다카마츠라는 도시보다 예술가 쿠사마 야요이의 '노란 호박'이 있는 섬 나오시마로 더 유명할 것입니다. 최근에는 방송에도 나오고, 직항이 생기면서 전보다 관광객이 많아졌지만, 아직 알려진 것보다 숨은 매력이 더 많은 소도시입니다.
저렴하고 맛있는 우동 전문점이 발에 차일 듯 많아 끼니 걱정 없고, 고즈넉하고 아름다운 리츠린 공원은 여유로운 시간을 보내기 좋습니다. 시내를 달리는 귀여운 2량 전차 고토덴은 옛 감성을

불러일으키고, 끝이 보이지 않는 상점가는 세련됨보다는 정겨운 분위기가 감돕니다. 바닷가 제방길을 거닐며 시원하게 펼쳐진 세토우치해를 바라보면 가슴이 뻥 뚫리는 기분이고, 저 멀리 바다 위를 오가는 배와 점점이 박혀 있는 섬들은 한 폭의 그림처럼 아름답습니다. 섬 여행이 편리한 항구도시로, 비교적 많은 관광객이 방문하는 나오시마와 쇼도시마를 비롯해 데시마, 메기지마, 오기지마 등 섬마다 각각의 테마와 이야기가 스며 있어 크고 작은 섬들을 방문하는 즐거움이 큽니다.

풍요로운 자연과 예술, 맛좋은 먹거리가 가득한 다카마츠. 《3 데이즈 in 다카마츠》와 함께 다카마츠의 다양한 매력을 만끽하시길 바랍니다.

RHK 여행연구소

1
다카마츠는 어떤 곳일까?

일본 열도의 남쪽, 4개 현으로 이루어진 시코쿠 지역의 카가와현 북쪽 중앙부에 위치한다. 시코쿠 최대의 도시권을 형성하고 있어 카가와현을 넘어 시코쿠 정치·경제의 중심 거점이 되었다. 세토우치해와 접한 항구도시이기도 해서 옛날부터 해상 교통의 중심지로 발전해왔다.

사누키우동의 고장

일본 3대 우동인 중 하나인 사누키우동의 본고장이다. 사누키우동은 일본의 '우동'하면 으레 떠오르는 굵고 쫄깃한 면발의 우동으로, 현재는 일본뿐만 아니라 해외에도 알려진 대표 우동이다. '사누키'란 현재 카가와현의 옛 지명인 '사누키'에서 따온 이름이다. 카가와현의 평야에서 자란 밀과 세토우치해의 소금, 멸치와 간장 등 우동 재료의 산지로 유명해 자연스럽게 우동도 발전하게 되었다. 좋은 재료를 사용해 수타로 만든 우동은 그 쫄깃함이 남달라 일본 각지에서 이곳으로 우동을 먹으러 온다.

세토우치해의 예술 섬들

세토우치해의 섬을 무대로 개최되는 세토우치 국제예술제를 통해 많은 섬이 활기를 되찾았다. 자연, 문화, 예술이 융합해 낙후되어가던 섬에 새로운 풍경을 만들고 지역 활성화를 이루어낸 것이다. 도시의 미술관과는 달리 섬이 가진 자연과 문화를 색다른 시선으로 볼 수 있는 예술 작품이 많고, 섬마다 특색도 달라 섬 여행 자체로도 매력적이다.

시코쿠 순례길, 오헨로

일본 헤이안시대의 승려 코보 대사(弘法大師)의 발자취를 따라 시코쿠에 있는 88개의 사찰을 참배하는 순례길이 바로 오헨로다. 카가와현에는 88개 중 23개의 사찰이 있는데, 대부분 자연 속에 파묻혀 있어 한적한 여유를 느끼고 싶을 때 방문하면 좋다. 시코쿠 88개소 순례에 이어 쇼도시마에도 훨씬 가볍게 돌 수 있는 수준의 '쇼도시마 88개소 순례'가 있다.

---

*이 책의 정보는 2017년 9월까지 취재·조사한 자료를 바탕으로 합니다. 영업시간이 바뀌거나 변칙적인 휴일이 있을 수 있으므로 상점 방문 시 해당 사이트 등에서 최신 정보를 확인할 것을 추천합니다. 일본어 표기는 현지 발음을 우선으로 하였으며, 고유명사처럼 통용되는 일부 단어는 외래어 표기법에 따랐습니다.

2
다카마츠 여행 정보

☀️ 어느 계절이 좋을까?
다카마츠는 강수량은 적고, 일조시간이 긴 연중 온화한 기후이다. 여름에는 종종 무더위와 열대야가 지속되곤 한다. 특히 섬 여행 시 땡볕 아래에서 다녀야 하고, 바닷바람이 습해 땀이 잘 난다. 8월 중순부터 9월 중순까지는 태풍이 지나는 시기이니 피하는 것이 좋다. 9월까지 해수욕을 하는 서양인들이 보일 정도로 따뜻하며, 겨울에는 영하로 떨어지는 일이 거의 없다.

💬 언어
공용어로 일본어를 사용한다. 도시 규모가 작아서 호텔을 제외하고는 영어가 통하지 않는 곳이 대부분이다. 나오시마와 데시마는 서양인 관광객이 많이 방문하는 편이라, 미술관이나 뮤지엄에서 영어 안내가 가능하다.

💶 화폐

일본의 통화는 엔(JPY). 상점과 음식점에서는 소비세(8%) 미포함 가격(税抜き)을 표기해 놓은 곳이 있으니 미리 확인해야 계산 시 당황하는 일이 없다. 또한, 한국과는 다르게 어디서든 신용카드를 사용할 수 있는 것은 아니다. 간혹 해외 결제용 카드 비밀번호 6자리를 눌러야 하는 곳도 있으니 출국 전 확인이 필요하다.

🚌 교통
고토덴과 고토덴버스가 있는데, 다카마츠 시내는 그리 넓지 않아 시에서 운영하는 렌터사이클만 이용해도 충분하다. 주변 지역을 다닐 때는 JR도 있지만 주로 고토덴을 이용하고, 섬으로의 이동은 페리나 고속정을 이용하게 된다.

배편은 12월부터 운항 편수가 줄어든다.

📅 정기 휴무일
일본의 체인점을 제외한 상점 대부분은 정기 휴무일을 갖는다. 또한, 정기 휴무일에 추가로 부정기 휴일이 있는 곳도 많아서 가기 전에 꼭 알아보고 가는 것이 좋다. 부정기로 휴일이 많이 바뀌는 곳은 대부분 홈페이지에 공지해두니 확인한 뒤 가도록 하자.

섬 지역에 있는 상점의 경우 특히나 불규칙적으로 쉬는 부정기 휴일이 많고, 겨울에는 운영하지 않거나 예약제로 운영하는 곳도 꽤 있다. 홈페이지가 없는 경우에는 페이스북이나 트위터 같은 공식 계정에 올리기도 한다. 전화로 물어보는 게 가장 확실하지만, 통화가 어렵다면 되도록 주말에 방문해야 그나마 열었을 확률이 높다.

🕐 영업시간

일본은 계절이나 요일에 따라 영업시간이 바뀌는 곳이 많다. 홈페이지 등에서 꼭 최신 정보를 확인하자. 우동 전문점의 경우 낮에만 운영하는 곳이 많고, 재료가 떨어져 정규 영업시간보다 일찍 문을 닫는 곳도 부지기수다. 공휴일에는 주말의 영업시간을 따르므로 잘 체크하자.

섬 여행의 준비물

운동화: 언덕이나 계단이 많고, 오래 걷는 경우도 있으니 꼭 편한 신발을 신자.
모자: 섬에는 그늘이 거의 없고, 일조시간이 긴 편이니 꼭 모자를 챙기자.
백팩, 크로스백: 활동하기 편한 가방을 메자.
물: 섬에는 음료를 판매하는 자판기나 상점이 적거나 비싸니 미리 준비하자.
손수건: 땀을 닦을 타월이나 손수건을 준비한다.
잔돈: 일반 상점에서는 잔돈이 부족한 경우가 많으니 미리 소액권을 준비하자.

섬 여행 주의 사항

① 작품 감상 가능일을 미리 확인한다.
② 돌아가는 배편 시간을 꼭 확인한다.
③ 쓰레기는 섬 밖으로 되가져간다.
④ 화장실이 흔치 않으니 발견했을 때 다녀온다.
⑤ 도로에 차량이 거의 없더라도 안전에 유의하며, 교통법규를 잘 지킨다.

카가와현 쿠폰북

카가와현 공식 블로그에서는 인천-다카마츠 노선을 왕복(편도의 경우 3일 이상 숙박)하고 에어비앤비를 포함한 숙박 시설에서 1박 이상 묵는 것을 증명해 신청하면 쿠폰북을 무료로 보내준다. 쿠폰북에는 리무진버스 왕복 티켓과 리츠린 공원 입장권, 쇼도시마 페리 왕복 승선권이 있어 유용하게 사용할 수 있다. 블로그에는 쿠폰북 외에도 카가와현에 대한 정보가 많아 유용하다.

블로그 blog.naver.com/kagawalove

우동 패스포트

카가와현에서는 우동 패스포트를 발급하고 있는데, 다양한 쿠폰과 여행 정보가 들어있는 재미있는 아이템이다. 다카마츠공항 관광안내소에서도 받을 수 있고, 입국 도장도 찍어준다. 쿠폰 사용처는 카가와현의 관광지를 비롯해 상점, 음식점, 체험, 온천, 숙박 등 다양하다. 방문하는 곳에 우동 패스포트 마크가 있다면 방문지에 따라 할인이나 서비스, 선물 등을 받을 수 있다.

홈페이지 www.my-kagawa.jp/passport

TIP
여행 전 읽으면 좋은 만화
〈우동나라의 황금색 털뭉치〉

도쿄에서 일하다가 고향 우동집으로 돌아온 주인공이 사람으로 변신하는 너구리와 동거를 시작하면서 펼쳐지는 따뜻한 일상 이야기. 대부분 카가와현을 배경으로 이야기가 펼쳐져 여행 전 지역 정보를 알 수 있다. 내용 자체도 좋아서 만화만 봐도 카가와현에 가고 싶어진다. 만화책은 한국에 정식 발매되었고, 일본과 한국에서도 애니메이션으로도 방영되었다. 다카마츠를 여행하다보면 주인공들이 지역 축제 등의 홍보물에 등장하는 것을 쉽게 볼 수 있고, 만화의 배경으로 나온 곳을 안내하는 지도도 배부한다.

 비행 시간 약 1시간 40분 인천공항과 고마츠공항 직항 기준

 전압 110v 전용 어댑터인 돼지코 필수

3
다카마츠 교통 정보

다카마츠 시내에서 가장 가까운 국제공항인 다카마츠공항으로 가는 것이 편리하다.
에어서울에서 월·화·수·금·일요일, 주 5회 인천국제공항과 다카마츠공항 사이를 운항하고 있다.

다카마츠공항에서 시내로

리무진버스를 이용하면 다카마츠 시내까지 쉽게 갈 수 있다. 관광안내소 좌측 입구 옆에 리무진버스 티켓 자동판매기가 있다. 다카마츠역까지 요금은 760엔이고, 2번 승강장에서 탑승하면 된다.

리무진버스 시간표 www.kotoden.co.jp/publichtm/bus/limousine/index.html

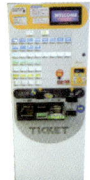

다카마츠공항 → 리무진버스(45분, 760엔) → 다카마츠역

시내 대중교통

다카마츠에는 고토덴 2량 전차와 고토덴버스 외에 JR 노선도 다닌다. 조금 거리가 있는 관광지는 고토덴과 JR로 다닐 수 있으며, 시내는 도보나 렌터사이클만으로도 충분하다.

이루카 IruCa

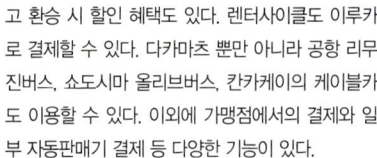

고토덴의 IC 교통카드. 고토덴을 비롯해 다카마츠의 시내버스인 고토덴버스도 이용할 수 있고 환승 시 할인 혜택도 있다. 렌터사이클도 이루카로 결제할 수 있다. 다카마츠 뿐만 아니라 공항 리무진버스, 쇼도시마 올리브버스, 칸카케이의 케이블카도 이용할 수 있다. 이외에 가맹점에서의 결제와 일부 자동판매기 결제 등 다양한 기능이 있다.

고토덴 창구에서 구입하면 되고, 여행자는 여러 종류 중 파란색 프리이루카(フリーIruCa)를 발급받으면 된다. 발급비는 2000엔으로 보증금 500엔이 포함되어 있다.

고토덴 온천 승차 입욕권
ことでんおんせん乗車入浴券

붓쇼잔역 기준 320엔 구간 내 고토덴 하루 무제한 이용과 더불어 붓쇼잔 온천 입욕권과 붓쇼잔 온천 오리지널 타월, 부채(티켓)가 포함된 티켓으로 요금은 1000엔이다. 붓쇼잔 온천을 이용할 예정이라면 이 티켓이 이득이다. 자세한 정보는 P.59 참고.

1일 프리 티켓 1日フリーきっぷ

고토덴 하루 무제한 탑승 가능 티켓으로 1230엔이다. 하루 동안 고토덴을 여러 번 이용할 예정이라면 이용 금액을 비교해 보고 1일 프리 티켓이 저렴하다면 고토덴 창구에서 구입하면 된다.

고토덴 ことでん

다카마츠 시내를 오가는 2량 전차이다. 다카마츠항 근처에 있는 다카마츠칫코역에서 시작되어 3개 노선으로 갈라지는데, 각각 고토덴코토히라역, 고토덴시도역, 나가오역까지 간다. 기본요금은 190엔이며 가장 먼 고토덴코토히라역까지는 620엔이다. 기준 역에 따라 다르지만 대략 오전 5시 30분부터 자정 사이에 운행한다.

택시 タクシー

시내가 넓지 않고, 대중교통이 잘 되어 있어 택시를 탈 일은 거의 없지만, 일행이 여럿일 때 정해진 시간에 늦었거나 짐이 많은 경우 이용할 만하다. 기본요금은 1.5킬로미터까지 640엔이고, 이후 306미터마다, 저속 및 정차 시 1분 50초마다 80엔이 가산된다.

렌터사이클 レンタサイクル

다카마츠 시내를 다닐 때 가장 이용하기 좋은 교통수단이다. 시에서 운영하며 대여와 반납을 서로 다른 곳에 할 수 있다. 요금도 6시간 이내 100엔, 6~24시간 200엔으로 저렴하다. 시내에 7곳(무인 4곳)의 포트가 있는데, 대여 시 이용증이 필요하므로 처음에는 관리 센터나 관리자가 있는 포트로 가야 한다. 관리자에게 여권을 보여준 뒤 이용 승인 신청서를 작성하면 바로 이용증을 발급해준다.

포트는 오전 7시부터 오후 10시까지 운영해 이외의 시간에는 대여, 반납이 불가능하다. 주차는 가능하면 포트에 두는 편이 안전하다. 포트가 아닌 곳에 주차하는 경우에는 자전거 주차 가능 구역인지 잘 확인하자.

자전거 대여 · 반납 방법

❶ 자전거를 게이트 앞에 두고 안내 음성이 나오면, 파란색의 1번 투입구에 이용증을 넣는다.
❷ 100엔을 먼저 결제하는데, 현금인 경우 2번 녹색 부분에 돈을 넣고, 이루카의 경우 지폐 투입구 아래 녹색 버튼을 누른 후 카드를 태그한다.
❸ 이용증을 돌려받고 게이트를 통과한다.
❹ 반납 시에도 자전거를 게이트 앞에 두면 안내 음성이 나오고, 이용증을 넣는다.
❺ 이용 종료의 경우 빨간 버튼, 보관 후 다시 대여할 예정이라면 녹색 버튼을 누른다.
❻ 6시간이 초과한 경우 추가 요금 100엔을 결제하면 이용증을 돌려주고 게이트가 열린다.

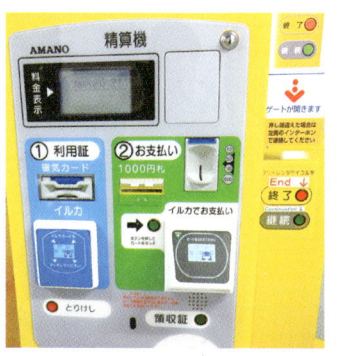

4
다카마츠항에서 주변 섬으로 이동

다카마츠항에서 주변 섬으로 이동할 때에는 페리(항구 왼쪽 1~2번 승선장)와
고속정(항구 오른쪽 3~4번 승선장)을 이용할 수 있다. 페리는 이동 시간은 길지만 비용이 저렴하다.
반면, 고속정은 빠르지만 비용도 비싸고 좌석과 운항 편수가 적다는 장단점이 있다.
다카마츠항에서 출발해 주변 섬으로 이동하는 배편 시간표를 소개한다.
페리 시간표이며, 다카마츠항에서 출발하는 페리 운항편이 없는 데시마만 고속정 시간표를 소개한다.
시간은 시기에 따라 변동되니 출발 전 꼭 홈페이지에서 확인하자.

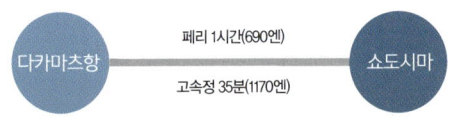

쇼도시마페리 小豆島フェリー

다카마츠항 출발	토노쇼항 출발
06:25	06:36
07:20	07:35
08:02	08:35
09:00	09:25
09:55	10:20
10:40	11:20
11:35	12:20
12:35	13:53
13:40	14:45
15:10	15:45
16:00	16:30
17:20	17:30
17:50	18:40
18:45	19:30
20:20	20:10

홈페이지 www.shikokuferry.com

※ *월~토요일은 차량만 승선 가능.
※ 쇼도시마로 가는 고속정은 토노쇼항만 오간다.

고쿠사이페리 国際フェリー

다카마츠항 출발	이케다항 출발
06:50	05:30
08:32	07:15
11:10	09:50
13:10	11:50
14:10	13:00
16:47	15:30
18:15	17:10
19:30	18:00

홈페이지 www.kokusai-ferry.co.jp

우치노미페리 内海フェリー

다카마츠항 출발	쿠사카베항 출발
09:30	07:50
12:15	10:50
14:48*	13:30
17:43	16:15
20:30	19:00*

홈페이지 www.uchinomi-ferry.co.jp

다카마츠항 ─ 페리 20분(370엔) ─ 메기지마 ─ 페리 20분(240엔) ─ 오기지마

시유지마카이운 雌雄島海運

다카마츠항 출발	오기지마 출발
08:00	07:00
10:00	09:00
12:00	11:00
14:00	13:00
16:00	15:00
18:10	17:00

홈페이지 www.city.takamatsu.kagawa.jp/2108.html

※페리지마 항구 우측의 3~4번 승선장에서 탑승한다. 8월에는 추가 운항하며, 다카마츠항–오기지마 요금은 510엔이다.

다카마츠항 ─ 페리 50분(520엔) / 고속정 25분(1220엔) ─ 나오시마 미야노우라항

다카마츠항 ─ 고속정 35분(1330엔) ─ 데시마 카라토항

시코쿠키센 四国汽船

다카마츠항 출발	미야노우라항 출발
08:12	07:00
10:14	09:07
12:40	11:30
15:35	14:20
18:05	17:00

홈페이지 www.shikokukisen.com

※3~11월 금~일요일만 운항.

데시마페리 豊島フェリー

다카마츠항 출발	카라토항 출발
09:55	09:00
11:30	10:35

홈페이지 www.t-ferry.com

※3~11월 토요일만 운항.

페리에서 먹기 좋은 에키벤

이른 아침 페리에 탑승한다면 JR 다카마츠역에 있는 에키벤(えきべん)에서 아침으로 먹을 맛있는 도시락을 사가자. 쇼도시마와 나오시마로 가는 페리에는 매점이 있어 테이블석이 많고, 이동 시간도 길어 식사하기가 편하다. 메기지마, 오기지마행 페리에는 테이블석이 몇 개 없고, 이동 시간이 짧은 편이라 편의점에서 간단하게 먹을 수 있는 삼각김밥이나 샌드위치류를 사가는 게 좋다.

5
기초 일본어

여행 전에 간단한 일본어를 알아보자. 몇 가지 일본어만으로는 자연스러운 의사소통이야 당연히 불가능하겠지만 식당, 상점 등에서 기본적인 인사를 건네는 것만으로도 여행이 한층 더 즐거워질 것이다.

인사

おはようございます
오하요고자이마스
아침 인사

こんにちは
콘니치와
점심 인사

こんばんは
콤방와
저녁 인사

お願いします
오네가이시마스
부탁드립니다

ありがとうございます
아리가또고자이마스
감사합니다

本当にありがとうございます
혼또니 아리가또고자이마스
정말 감사합니다

すみません
스미마셍
죄송합니다, 실례합니다

さようなら
사요나라
안녕히 계세요

はい 하이 예
いいえ 이이에 아니오

화장실

トイレ・お手洗い
토이레・오테아라이
화장실

トイレはどこですか
토이레와 도코데스까
화장실이 어디 있나요?

トイレを借りてもいいですか
토이레오 카리떼모 이이데스까
화장실 좀 써도 괜찮나요?

상점

福袋 후쿠부쿠로
럭키 박스(보통 연초에 상점에서 판매)

期間限定 키캉겐테
기간 한정

セール 세에루
세일

税抜き 제에누키
소비세 미포함

税込み 제에코미
소비세 포함

식사

いただきます
이타다키마스
잘 먹겠습니다

ごちそうさまです
고치소사마데스
잘 먹었습니다

美味しい
오이시이
맛있어

乾杯
칸빠이
건배

韓国語のメニューありますか
캉코쿠고노 메뉴 아리마스까
한국어 메뉴판 있나요?

お勘定お願いします
오칸죠 오네가이시마스
계산 부탁드려요

유용한 표현

いくらですか
이쿠라데스까
얼마인가요?

レシートください
레시토 쿠다사이
영수증 주세요

これください
코레 쿠다사이
이거 주세요

DAY ONE

09:00
가볍게 시작하는 아침 우동

우에하라야 본점
上原屋本店

리츠린 공원 근방의 맛집으로 셀프서비스 방식의 우동 전문점이다. 매일 점심시간마다 긴 줄이 늘어서지만 회전율이 빨라 줄은 금방 줄어드는 편이다. 지하에서 끌어올린 우물물을 깨끗이 정수해 만든 깔끔한 국물과 쫄깃한 우동은 이곳의 인기 비결. 메뉴로는 가장 인기 있는 카케우동과 차가운 버전 히야카케우동(冷かけうどん), 가마아게우동과 차가운 버전 히야시우동(冷やしうどん), 자루우동, 붓카케우동이 있다. 여름 한정 자루소바와 카케소바도 함께 판매한다. 요금은 우동 소 250엔, 대 350엔, 소바 소 270엔, 대 370엔이다.
셀프서비스이므로 쟁반에 튀김·어묵류를 골라 담은 뒤 우동 메뉴와 양(小 쇼, 大 다이)을 말해 직원에게 건네받고 계산 후 자리를 잡는다. 따뜻한 우동을 주문했다면 받은 면을 직접 셀프바에서 데우면 된다. 셀프바에 우동 국물과 고명도 있으니 자유롭게 담아 먹자. 다 먹은 후 퇴식구에 식기를 두면 식사 완료!

- 리츠린 공원 중앙 입구에서 나와 도보 10분
- 高松市栗林町1-18-8
- 09:00~16:00 / 일요일 휴무
- 087-831-6779
- ueharayahonten.com

추천 메뉴인 카케우동(소)과 갈치 튀김 타치우오(太刀魚, 180엔)

S P E C I A L

알아두면 좋은 대표 우동 종류

여행 가기 전에 숙지해두면 좋은 사누키우동의 주요 종류에 대해 알아보자. 우동마다 조금씩 먹는 방법이 다르고, 차가운 것과 따뜻한 것을 고를 수 있는 우동도 있다.

1. 카케우동 かけうどん 〔온〕
삶은 면을 냉수에 헹군 뒤 다시 온수에 데워 국물을 담아 먹는다. 기본 중의 기본인 우동.

2. 붓카케우동 ぶっかけうどん 〔냉〕
삶은 면을 냉수에 헹군 뒤 그릇에 담아준다. 따로 나오는 고명과 국물을 넣어 먹는다. 국물의 농도가 짙어 기본적으로 국물양이 많지 않은 편이다.

3. 나마쇼유우동 生醤油うどん 〔냉〕
삶은 면을 냉수에 헹군 뒤 바로 간장소스를 뿌려 먹는다.

4. 자루우동 ざるうどん 〔냉〕
삶은 면을 냉수에 헹군 뒤 '자루'라는 용기에 면을 담는다. 따로 나오는 국물에 면을 찍어 먹는 방식.

5. 가마아게우동 釜あげうどん 〔온〕
삶은 면을 면수와 함께 담아주는 우동으로 따로 나오는 국물에 면을 찍어 먹는다.

6. 가마타마우동 釜玉うどん 〔온〕
날달걀에 삶은 면을 담아 간장소스를 뿌려 먹는다.

7. 카레우동 カレーうどん 〔온〕
이름 그대로 국물이 카레인 우동.

8. 니쿠우동 肉うどん 〔온〕
달달한 양념이 가미된 소고기를 올린 우동.

TIP

온 · 냉 구분에 대하여
따뜻한 우동인지 차가운 우동인지는 일반적인 기준으로 분류했다. 사누키우동의 고장인 카가와현에서는 우동 종류에 따라 온 · 냉을 따로 선택할 수 있는 곳도 많으니 참고용으로 보자.

DAY ONE
09:30
사계가 아름다운 공원에서 **오전 산책**

리츠린 공원
栗林公園

다카마츠에 위치한 공원으로 에도시대 초기 현재의 다카마츠 지역 영주의 별장으로 만들어졌다. 일본 국가 특별 명승지로 선정된 문화재 공원 중 최대 규모를 자랑한다. 규모가 큰 만큼 공원을 한 바퀴 도는 데도 꽤 오랜 시간이 걸리니 매표소에서 안내도를 꼭 챙기자. 중간중간 휴식 공간도 많고 빼어난 풍경을 자랑하는 곳답게 지루할 틈이 없다. 모든 풍경이 철저한 계획에 따라 만들어져 지천회유식 정원의 극치를 보여준다고 해도 과언이 아닐 정도다. 산책로를 따라 거닐면 구도의 변화에 따라 또 다른 풍경이 보여 일보일경(一步一景)이라 불리는 변화무쌍한 아름다움을 보여준다. 6개의 연못과 13개의 작은 돌언덕, 곳곳에 자리 잡은 건물과 다리는 교묘하게 배치되어 있다. 뷰포인트에 다다르면 각 요소가 조화를 이뤄 한눈에 들어오는 멋진 모습을 감상할 수 있다. 게다가 봄에는 벚꽃, 여름에는 연꽃, 가을에는 단풍, 겨울에는 동백 등 계절마다 공원을 수놓는 수많은 꽃과 나무가 있어 사계절 내내 아름다운 색으로 물들어 있다.

📍 고토덴 리츠린코엔역에서 도보 10분
✂ 高松市栗林町1-20-16
⊙ 05:30~19:00(보통 일출부터 일몰까지, 정확한 시간 홈페이지 확인) / 무휴
💴 410엔(우동 패스포트 할인)
☎ 087-833-7411
🏠 www.my-kagawa.jp/ritsuringarden

리츠린은 '밤나무 숲'을 뜻하는 이름이지만 만들어진 당시부터 소나무로 구성된 정원이었다. 현재 약 1400그루의 소나무가 있다.

리츠린 공원의 사계절

① 성인식이나 웨딩 스냅 촬영 장소로도 인기 있다.
② 리츠린 공원을 대표하는 뷰포인트 히라이호(飛来峰)

① 사누키 민예관 讃岐民芸館

매표소 앞길을 따라가면 가장 먼저 나오는 쇼와시대 건물. 카가와현의 옛날 민예품, 가구, 기와 등 생활과 밀접한 용구 350여 점을 전시한다. 옛 생활문화와 전통을 엿볼 수 있는 곳으로 수요일부터 일요일까지 오전 8시 30분부터 오후 5시까지 무료로 운영한다.

② 상공장려관 商工奨励館

메이지시대에 '카가와 현립박물관'으로 만들어진 목조 건물. 100년 이상의 역사를 지닌 건물로 공원 한가운데 위치해 존재감이 상당하다. 안에는 공원 정보 및 공예품, 가구를 전시한다. 2층에 전시된 가구에 직접 앉아 휴식을 취할 수도 있다. 이곳을 기준으로 좌측을 남쪽 정원, 우측을 북쪽 정원으로 구분한다.

③ 구 히구라시테이 旧日暮亭

1700년 전후로 지어진 에도시대 초기의 전통적인 다이묘(大名) 다실. 당시의 다실 양식이 현재까지 그대로 전해지는 귀중한 건물이다.

④ 키쿠게츠테이 掬月亭

역대 영주가 사랑한 다실로 공원의 중심 건물이다. 공원 어느 방향에서도 출입이 가능하며, 사방 어디서나 정면으로 보이는 구조다. 이곳에서 바라보는 연못의 풍경이 상당히 아름답다. 다실이라 안으로 들어가려면 꼭 차를 시켜야 한다. 말차(抹茶, 700엔)나 센차(煎茶, 500엔)를 주문한 뒤 이곳저곳 둘러보며 가장 마음에 드는 풍경을 찾아보자. 차를 어느 곳에서나 마실 수 있는 것은 아니다. 자리를 잡고 쉬고 있으면 직원이 차를 마실 수 있는 가까운 공간에 놔준다. 오전 9시부터 오후 4시 30분까지 운영한다.

⑤ 와센 체험 和船体験

배를 타고 난코 연못을 한 바퀴 돌며 뱃사공에게 해설을 듣는다. 해설은 일본어로 진행되니 배에서만 볼 수 있는 풍경을 본다는 데에 의미를 두자. 요금은 일반 610엔, 어린이 300엔. 한 바퀴 도는데 30분 정도가 소요된다.

DAY ONE

00:30

공원 산책 후 간단한 **디저트 타임**

호토리
ほとり

📍 리츠린 공원 북문 바로 앞
🍴 高松市中野町32-3
🕘 09:00~18:00(일요일 08:00~),
　　18시 이후 예약제 / 수요일 휴무
📞 087-887-7712
🏠 hotori.chagasi.com

리츠린 공원 북문 바로 앞에 있는 식사가 가능한 카페로 공원 방문 전후로 들르면 좋다. 와(和)카페로 커피와 차를 비롯해 다양한 일본 전통 디저트를 판매한다. 재료에 신경을 쓰는 곳이라 말차가루는 교토산을, 팥은 홋카이도산을 사용한다. 떡은 직접 만들어 사용하는데, 주문 후 굽기 때문에 떡이 들어간 디저트는 나오기까지 시간이 조금 걸린다. 계절 메뉴도 있어 여름에는 빙수 메뉴가, 겨울에는 타코야키와 오반야키 메뉴가 추가된다. 아침(09:00~11:00)과 점심(11:30~14:30)에는 식사도 가능한데, 몸에 좋은 채소 중심의 소박한 메뉴로 구성된다.

내부 공간이 넓지는 않지만 바테이블부터 4인 테이블까지 갖춰져 있어 혼자 방문하기에도 좋다. 바닥, 창틀, 가구 등 목제로 꾸며진 내부에 햇살이 비쳐들어 따뜻하고 포근한 분위기다. 바로 옆에 작은 갤러리도 함께 운영한다.

추천 메뉴인 우지노츠키(宇治の月, 700엔). 말차 안에 바닐라 아이스크림을 넣어준다. 씁쓸하고, 텁텁했던 말차에 달달함과 부드러움이 섞여 말차에 거부감이 있던 사람도 먹기 좋다.

5~9월에만 판매하는 크림커피젤리(クリームコーヒーゼリー, 600엔). 바닐라 아이스크림에 커피젤리를 담아 준다. 메뉴에 맞는 엄선한 그릇을 사용해 먹기 전부터 보는 즐거움이 있다.

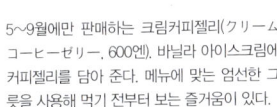

갤러리 입구. 갤러리와 카페가 연결되는 내부 문도 있다.

DAY ONE

03:00

또 먹어도 맛있는 **점심 우동**

무기조
麦蔵

고토덴 가타하라마치역에서 도보 10분
高松市福岡町1-482-5
11:00~재료 소진 시 / 목요일 휴무

다카마츠 시내에 위치한 우동 전문점 중 가장 높은 평가를 받는 곳. 중심부에서 살짝 떨어진 위치에 있던 간판도 지금은 없어졌지만 항상 사람들이 서 있어서 쉽게 찾을 수 있다.
추천 메뉴는 닭고기튀김 카시와텐(かしわ天)이 올라간 카시와자루우동(かしわざるうどん, 620엔). 적당한 탄력에 부드럽게 넘어가는 면이 먹기 좋다. 우동도 맛있지만, 이곳의 진가는 바로 카시와텐. 얇은 튀김옷에 하얗고 큰 튀김을 한입 베어 물면 부드럽고 촉촉한 속살에 깜짝 놀랄 정도이다. 다만, 밑간이 되어 있는 튀김이라 소스 없이 먹는데, 짠 편이다.
내부는 전부 바테이블이라 아무래도 일행이 있으면 바로 자리가 나지 않는다. 그래서 일단 따로 앉아서 주문하면 나중에 옆자리가 비었을 때 이동하는 식으로 직원이 안내한다. 재료 소진 시 영업을 종료하는데, 오후 2시 전에는 무조건 문을 닫는다고 생각하자.

타마모우동
玉藻うどん

다카마츠항 근처로 키타하마 아리 바로 근처에 위치해 함께 들르기 좋은 우동 전문점이다. 맛있는 튀김과 배부른 양으로 현지 주민들이 많이 찾는다. 컨테이너만한 작은 공간으로 내부에는 바 테이블 하나만 있다. 바로 앞에서 우동이 나오는 모습을 구경할 수 있다.

추천 메뉴는 오징어다리튀김이 올라간 게소텐자루(げそ天ざる, 소 800엔, 대 900엔)와 닭고기 튀김 위주의 모둠튀김이 올라가는 토리텐붓카케(とり天ぶっかけ, 소 700엔, 대 800엔). 튀기자마자 바로 나오는 튀김은 뜨겁고 바삭해 쫄깃한 우동과 궁합이 좋다. 적은 양은 아닌지라 생각보다 든든하게 먹을 수 있다.

- 고토덴 가타하라마치역에서 도보 5분
- 高松市北浜町13-11
- 11:00~14:00(토·일요일 ~15:00) / 수·목요일 휴무
- 087-826-5454

DAY ONE 09:00
싱그러운 분위기의 레트로 공간

키타하마 아리
北浜アリー

2001년 문을 연 바다 앞 낡은 창고를 개조해 만든 거리. 다카마츠를 대표하는 트렌디한 장소로서 젊은 층에게 인기 있다. 오래된 창고에 물든 세월의 색과 푸릇푸릇한 나무가 조화를 이루어 사진 찍기에도 좋다. 구역이 작은 편이라서 한 바퀴는 금방 둘러본다. 하지만 구역 안에 있는 개성 넘치는 음식점과 상점을 구경하느라 시간이 물 흐르듯 지나간다.

본래 시내 중심에서 떨어진 사람들이 찾지 않는 우중충한 창고 일대였지만, 다카마츠의 대표 명소로서 탈바꿈했다. 로스앤젤레스의 피셔맨스 워프, 뉴욕의 피어 17 등도 본래 이 창고 일대처럼 버려진 장소였으나 지금은 세계적으로 유명한 바닷가 상업 지구가 된 것에서 착안해 만들어진 곳이다. 지역의 전통을 담고, 서로 공생하며, 젊은 청춘들의 창의성을 실현할 수 있는 거리를 만들고자 노력한 끝에 현재와 같은 모습이 되었다. 그래서인지 지역 축제나 전시회도 많이 열려 관광객뿐만 아니라 현지 주민들이 한 데 모이는 장소이기도 하다.

- 고토덴 다카마츠칫코역에서 도보 5분
- 高松市北浜町4-14
- www.kitahama-alley.jp

현지 주민들이 만든 작품 전시회

개성 넘치는 다양한 상점들

① 건물마다 오래된 창고와 싱그러운 식물이 조화를 이룬다.
② 밤에 찾아와도 예쁜 키타하마 아리의 야경

① 우미에 umie

키타하마 아리의 최고 인기 카페. 따뜻하고 여유로운 분위기와 라이브 연주로 하염없이 머물게 하는 매력이 있다. 계단을 올라가 좁은 복도를 따라 쭉 들어가 문을 열면 높은 천장에 햇빛 가득한 공간이 나온다. 빈티지 가구와 책으로 공간을 꾸몄는데, 일관적이지 않은 가구 배치와 다양한 장르의 도서가 어우러져 남다른 센스를 보여준다. 공간 자체는 넓지만 테이블 간 간격이 멀어 자리가 많지 않다. 예약하지 않으면 대기 목록을 작성해 기다릴 확률이 높다. 차례가 올 때쯤 연락을 주는데, 연락이 불가능한 경우에는 시간을 정해서 당일 예약하면 된다. 라이브 연주가 자주 있는 편으로 스케줄은 홈페이지에 나와 있으니 연주가 있는 날에 맞춰 가보자. 메뉴는 식사부터 커피, 디저트, 주류까지 다양하다. 추천 메뉴는 캐러멜치노(キャラメルチーノ, 550엔)로 부드러운 우유 거품을 듬뿍 올린 캐러멜 카푸치노다. 에스프레소의 씁쓸함과 캐러멜의 단맛이 조화롭다. 달달한 음료라 담백한 디저트류인 수제 스콘(手作りスコーン, 250엔)이나 그날그날 필링이 다른 머핀(お楽しみマフィン, 300엔), 우미에쿠키(umieクッキー, 400엔)와 잘 어울린다.

- 월~금요일 11:00~24:00, 토요일 10:00~24:00, 일요일 10:00~21:00 / 부정기 휴무
- 087-811-7455
- www.umie.info

① 크림치즈와 럼이 들어간 머핀
② 우미에에서 직접 제작한 커피잔에 담아주는 캐러멜치노
③ 백도 셔벗이 들어간 요구르트 음료 시로모모라씨(白桃ラッシー, 700엔)

② 북 마루테 BOOK MARÜTE

오래된 빈티지 물건을 파는 상점이었으나, 지금은 독립 서점으로 바뀌었다. 우미에 바로 옆에 있어 함께 들르기 좋다. 서점에는 주로 사진집과 아트북이 많아 일본어를 모르더라도 보는 재미가 있다. 도서 외에 빈티지 소품도 판매한다. 고요한 분위기의 작은 서점으로 바로 옆의 갤러리와 함께 잠깐 들러 구경하면 좋다.

ⓢ 평일 13:00~20:00, 주말 11:00~20:00 / 수요일 휴무
ⓒ 090-1322-5834
🏠 book-marute.com

③ 래그스타일 RAG-STYLE

문으로 들어서면 친절한 직원들이 반갑게 맞아주는데, 내부는 마치 동남아 섬에 온 듯한 에스닉한 분위기가 물씬 풍긴다. 자개로 만든 액세서리 통, 고양이 모양의 가죽 동전 지갑, 원목 소품, 연꽃 모양 조명등, 화려한 무늬의 옷과 가방까지 귀여운 물건으로 가득하다. 가격대도 적당한 선으로 구매욕을 불러일으킨다.

ⓢ 11:30~20:00(공휴일 11:00~) / 설 휴무
ⓒ 087-826-3689
🏠 www.kitahama-alley.jp/cruise/rag-style.php

④ 엘레멘츠 Element

오락기부터 가챠폰, 잡화, 의류 등 온갖 아이템으로 가득한 보물창고 같은 편집숍. 연령, 성별, 국적에 상관없이 모두가 즐길 수 있는 곳을 모토로 한다. 워낙 다양한 상품이 곳곳을 빼곡히 채우고 있어 하나하나 구경하다 보면 시간 가는 줄 모른다. 2층에는 오락기가 있어 게임도 할 수 있고, 옛날 고전 아이템이 많아 어릴적 추억을 떠올리게 된다. 내부는 촬영 금지.

ⓢ 11:00~20:00 / 부정기 휴무
ⓒ 087-887-0944
🏠 blog.livedoor.jp/naja_plus

DAY ONE
09:00
흔적만 남은 오래된 **성터 한 바퀴**

사적 다카마츠 성터·타마모 공원
史跡 高松城跡·玉藻公園

국가 지정 사적으로 세토우치해의 바닷물을 끌어들여 만든 일본 3대 수성(水城)인 다카마츠 성터를 정비한 공원. 천수각은 너무 낡아 오래전에 해체되었고, 지금은 천수대만 복원해 전망대로 사용한다. 천수각은 없지만 다른 볼거리를 보며 한 바퀴 돌다 보면 생각보다 시간이 금방 지나간다. 천수각을 대신해 가장 돋보이는 츠키미야구라(月見櫓)는 북쪽에 있는 망루로 출입하는 배를 감시하고, 영주가 타고 오는 배를 확인하는 용도였다고 한다. 성과 성의 외곽을 연결하는 다리 사야바시(鞘橋)를 건널 때면 바로 정면에 고토덴 다카마츠칫코역의 플랫폼이 보여 사람들을 구경하는 재미가 있다. 고산수 정원 안에 위치한 영주의 저택 히운카쿠(披雲閣)는 복원된 것으로 본래에는 지금보다 2배의 규모였다고 한다. 해자에 사는 도미 등 물고기에게 먹이를 주는 체험(鯛のエサやり体験, 100엔)도 있고, 배를 타고 해자를 한 바퀴 도는 나룻배 체험(城舟体験, 500엔)도 있다.

📍 고토덴 다카마츠칫코역에서 도보 2분
🏯 高松市玉藻町2-1
🕐 서문 05:30~19:00(보통 일출부터 일몰까지, 정확한 시간 홈페이지 확인),
　동문 4~9월 07:00~18:00, 10~3월 08:30~17:00 / 12월 29~31일 휴무
💴 200엔(우동 패스포트 할인)
📞 087-851-1521
🌐 www.takamatsujyo.com

① 천수대로 가려면 사야바시를 지나야 한다.
② 나룻배 체험 4~9월 09:00~17:00, 3·10·11월 09:00~16:00, 30분 간격으로 진행(12:00~13:00 제외)
③ 히운카쿠는 보기보다 커서 돌아다니다 방향을 잃기 쉽다.
④ 천수각 없이 천수대만 남아 있어 허전해 보인다.

DAY ONE

전망대에서 바라보는 너른 바다

다카마츠 심볼 타워
高松シンボルタワー

다카마츠를 대표하는 타워로 시코쿠에서 가장 높은 빌딩이다. 크게 타워동과 홀동으로 나뉘며 홀동 아래쪽에는 마리타임 플라자 다카마츠라는 쇼핑몰이 입점해 있다.

타워에는 두 곳의 전망 공간이 있다. 가장 높은 곳은 30층에 위치한 레스토랑 앨리스 인 다카마츠(ALICE IN TAKAMATSU)에 있는 곳으로 전망대라기보다는 레스토랑에서 예식장으로 사용하는 전망 공간이다. 그래서 레스토랑 영업시간 외에만 방문할 수 있다. 정식 전망대는 아니지만 30층 높이인 만큼 높이감이 상당하다. 정면으로 빼곡한 도시의 전경이 보이고, 왼쪽으로는 짙푸른 세토우치해가 보인다.

홀동 8층에 위치한 곳도 정식 전망대는 아니고, 바다 전망의 옥상 광장이다. 앉아서 쉴 수 있도록 조성된 나무 데크에 앉아 세토우치해의 자연과 항구도시의 아름다움을 충분히 즐길 수 있다. 넓고 탁 트인 개방된 공간이라 가슴이 뻥 뚫리는 기분이다. 주말에는 나들이를 나온 가족부터 혼자 휴식을 취하는 사람까지 다양하게 온다.

기본적으로 방문객이 많은 건물이 아니라서 두 전망 공간 모두 여유롭게 경치를 즐기기 좋다.

- JR 다카마츠역에서 도보 3분
- 高松市サンポート2-1
- 30층 전망 공간 10:00~11:00, 15:00~17:00, 8층 옥상 광장 09:00~19:00(5~9월 ~20:00) / 무휴
- 087-822-1707
- www.symboltower.com

고도 차이에 따른 전망의 변화가 바로 느껴진다. 30층은 관람 시간이 정해져 있고 유리 너머로 봐야하지만, 8층은 야외라 해가 질 때 와서 노을빛 하늘도 감상할 수 있다.

SPECIAL

선포트 다카마츠의 예술 작품 찾기

<u>선포트 다카마츠</u>는 JR 다카마츠역과 버스터미널, 해상 교통 터미널인 다카마츠항에 이어 호텔 클레멘트 다카마츠, 다카마츠 심볼 타워, 해변 공원 등을 포함한 지역으로 카가와 교통과 관광의 시작이라고도 할 수 있다. 이 구역 곳곳에 다양한 예술 작품이 배치되어 있다. 대부분 특별한 설명 없이 놓여 있으니 제목에서 나름대로 의미를 유추해보자. 해변 공원과 함께 산책 겸 한 바퀴 둘러보면 좋다.

마음은 그대의 그림자 되었으니 Ⅱ
心は君が影となりにき Ⅱ

미야케 미치코 三宅道子

📍 다카마츠 심볼 타워 홀동 옥상 광장(8층)

선셋 오브 세토
SUNSET of SETO

나가레 마사유키 流政之

📍 다카마츠 심볼 타워 앞 공원

은행가, 간호사, 탐정, 변호사
銀行家、看護師、探偵、弁護士

줄리안 오피 Julian Opie

📍 고토덴 다카마츠칫코역 앞

국경을 넘어·바다
国境を越えて·海

린슌룽 林舜龍

📍 다카마츠 심볼 타워 앞 공원

기다리는 사람 / 우츠미 씨
待つ人／内海さん

혼마 준 本間純

📍 JR 다카마츠역 앞 고속버스 대합실 외벽

마타키테노
MATAKITENO

나가레 마사유키 流政之

📍 미케일라 레스토랑 옆

리미널 에어 -코어-
Liminal Air -core-

오오마키 신지 大巻伸嗣

📍 다카마츠항 페리와 고속정 승선장 사이

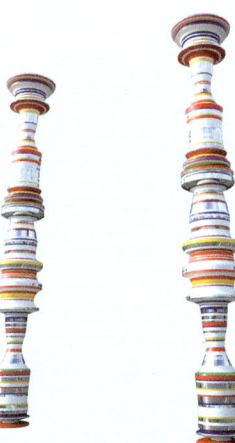

DAY ONE

00:00

노을을 감상하는 로맨틱한 저녁

미케일라
MIKAYLA

선포트 다카마츠 지역에 위치한 이탈리안 레스토랑. 등대로 향하는 해변 길목에 자리한다. 전면 유리창이 있어 세토우치해의 아름다운 일몰을 바라보며 식사할 수 있다. 뛰어난 맛은 아니지만 분위기 좋은 곳에서 바다를 감상하며 식사할 수 있어 좋다. 식사는 천천히 나오는 편으로 느긋하게 경치를 바라보며 먹는 즐거움이 있다. 창가 자리는 예약으로 차 있는 경우가 대부분이다. 춥지 않다면 바다가 바로 보이는 테라스석에서 먹는 것을 추천한다. 분위기가 좋은 곳이니 카페나 바로 이용해도 좋다. 매일 바뀌는 오늘의 추천 메뉴가 있으며, 단품 요리부터 코스(2인 이상)까지 메뉴가 아주 다양하다. 가격대는 전체적으로 저렴하거나 적당한 편이다.

📍 JR 다카마츠역에서 도보 10분
🏠 高松市サンポート8-40
🕐 11:00~17:00, 17:00~21:00
📞 087-811-5357
🏡 www.mikayla.jp

① 올리브방어와 버섯크림소스파스타 올리브하마치토키노코크리무소스파스타(オリーブハマチとキノコのクリームソースパスタ, 1000엔)
② 이베리코돼지목살숯불구이 이베리코부타카타로스스미비야키(イベリコ豚肩ロース炭火焼き, 1500엔)
③ 기본 샐러드 그린사라다(グリーンサラダ, 620엔)

테라스석에서 보이는 일몰. 노을빛으로 물든 하늘과 선선한 바닷바람을 느끼며 느긋한 식사를 즐기자.

세토시루베(빨간 등대) せとしるべ(赤灯台)

미케일라 앞 제방 끝에 서 있는 선포트 다카마츠의 상징이자 세계 최초의 유리 등대. 새카만 밤, 붉은빛을 발산하는 모습이 아름답다. 등대로 가는 길은 생각보다 긴 편이라 조깅하거나 산책하는 사람이 많다.

DAY ONE
08:00
끝없이 연결된 거대 상점가

다카마츠 중앙상점가
高松中央商店街

다카마츠 중심부에 있는 상점가로 7개의 상점가를 통틀어 다카마츠 중앙상점가라 부른다. 맛집과 상점으로 가득한 다카마츠 생활권의 중심이라 할 수 있다. 길이 총 2.7킬로미터의 일본에서 가장 긴 상점가이다. 처음부터 끝까지 쭉 걸으면 15분 정도가 걸리는데, 여기저기 구경하며 걸으면 생각보다 거리도 길고 시간도 오래 걸린다. 가로세로로 워낙 많은 상점가가 있어 방향도 헷갈릴 정도다. 전부 아케이드 형식으로 천장이 있어 비 오는 날 편하게 다니기 좋다.

마루가메마치 상점가와 미나미신마치 상점가 사이의 대로는 인기 호텔이 몰려 있는 숙소 밀집 구역이다. 보통 이쪽에 숙소를 많이 잡으니 다카마츠항까지 갈 때는 렌터사이클을 타고 가면 편리하다. 다만, 마루가메마치 상점가는 자전거 통행이 금지되어 있으니 라이온도리 상점가나 옆길로 통행해야 한다.

📍 고토덴 가타하라마치역부터 가와라마치역까지의 일대 구역
🚏 高松市丸亀町1

① 효고마치 상점가(兵庫町商店街) 홈페이지 www.hyougomachi.com
② 가타하라마치 상점가(片原町商店街) 홈페이지 www.kataharamachi.com

① 마루가메마치 상점가(丸亀町商店街)
홈페이지 www.kame3.jp
② 라이온도리 상점가(ライオン通商店街)
홈페이지 www.lion-douri-shoutengai.com

③ 미나미신마치 상점가(南新町商店街) 홈페이지 www.ms-machi.com
④ 타마치 상점가(田町商店街) 홈페이지 www.takamatsu-tamachi.net
⑤ 토키와가이(トキワ街) 홈페이지 www.tokiwagai.net

상점가의 길잡이 상징물

산초 돔 三町ドーム
효고마치, 가타하라마치, 마루가메마치 상점가가 교차하는 지점에 있는 돔형 광장. 주변에 명품 숍이 모여 있다.

꼭두각시 인형 시계 かたくり人形時計
마루가메마치 상점가에 있는 스타벅스 간판 위에 있다. 낮 12시, 3시, 6시, 7시가 되면 음악과 함께 움직인다.

S P E C I A L

다카마츠 중앙상점가에서 쇼핑 삼매경

다카마츠 중앙상점가는 생활 중심권인 만큼, 상가를 따라 쇼핑몰과 상점, 체인 브랜드가 줄지어 있다. 두루두루 둘러보며 원하는 제품을 찾아보자.

마루가메마치 그린
丸亀町グリーン

마루가메마치 상점가에 있는 3층짜리 쇼핑몰로 동관과 서관으로 나뉜다. 규모가 크지 않고, 1층에 인기 상점들이 모여 있어서 상점가를 오가며 쉽게 들를 수 있다. 오사카에서 시작된 어반 리서치 도어스(URBAN RESEARCH DOORS)와 유나이티드 애로 그린 라벨 릴랙싱(UNITED ARROWS green label relaxing)을 비롯해 오니츠카타이거, 라코스테, 더 노스 페이스 등 다양한 의류 매장이 있다. 마치마르쉐키무라(まちマルシェ·きむら, 09:00~21:00)는 슈퍼마켓으로 가격대가 저렴한 편이라 현지 주민도 많이 찾는다. 숙소 밀집 구역 근처에 있어 이용하기 편리하다. 3층에는 생활잡화점 로프트를 비롯해 레코드숍, 의류 등의 상점이 주를 이르며, 2층 서관에는 아디다스와 잡화 매장이, 동관 쪽에는 음식점이 대부분이다.

📍 마루가메마치 상점가
🏠 高松市丸亀町7-16
🕐 11:00~20:00(레스토랑 ~22:00)
📞 087-811-6600
🌐 www.mgreen.jp

가와라마치 플래그
瓦町FLAG

2015년에 오픈한 신생 쇼핑몰로 고토덴 가와라마치역과 연결된다. 지하 1층부터 10층까지 규모가 큰 편이다. 인기 상점들이 많이 입점해 있어 층별로 쭉 둘러보기 좋다. 지하 1층은 식품 매장이고, 10층에 대형 서점 마루젠 & 준쿠도, 북카페가 있다. 멋진 아이템으로 가득한 인테리어 및 생활잡화 전문점 유니코(unico, 2층), 패브릭스(FABRIC'S, 3층), 라이프(LIFE, 3층)에서는 구경하느라 시간이 가는 줄 모른다. 그 외에 의류 편집숍인 빔즈(BEAMS, 1~2층), 모자 전문점 오버라이드(override, 3층), 타월 전문점 타오루비쥬츠칸(タオル美術館, 4층), 러시, 다이소 등 젊은 층에게 인기 있는 매장이 많다.

- 고토덴 가와라마치역과 연결(2층)
- 高松市常磐町1-3-1
- 10:00~20:00(레스토랑 11:00~22:00)
- 087-812-7000
- www.k-flag.jp

마치노슈레 963
まちのシューレ 963

마루가메마치 상점가 동관 2층에 위치한 곳으로 라이프스타일 상품을 취급한다. 새로운 생활 방식을 배우고, 자연을 느낄 수 있는 편안한 장소가 되는 것을 모토로 한다. 내부 공간은 카페, 식품, 생활잡화, 공예품, 갤러리 등의 테마로 나눠져 있다. 세련되고 고급스러운 상품들로 가득해 구경하는 즐거움이 크다. 식품 쪽은 카가와현의 특산품을 비롯해 전국 각지의 좋은 재료로 건강하게 만든 제품들만을 골라 판매한다. 잘 모르는 제품도 이곳 진열대에 있다는 것만으로 신뢰감이 들 정도이다.

마루가메마치 상점가
高松市丸亀町13-3
상점 11:00~19:30, 카페 11:30~18:00(금~일요일 ~22:00) / 셋째 월요일 휴무
087-800-7888
schule.jp

산 크랏케
サン・クラッケ

카가와현의 대표 특산품과 농산물, 세련된 공예품과 생활잡화 등을 판매한다. 진짜 좋은 제품만을 모아 소개해 방문한 사람들이 카가와현에 대해 더 잘 알게 되고, 카가와현이 점점 더 좋아지는 장소가 되기를 바라는 마음으로 운영한다. 그래서인지 태그에는 이름과 가격 외에도 공예품의 경우 어느 공방에서 만든 것인지도 적혀 있다. 관련 식품을 모아놔 맛있게 먹는 방법 등 부가적인 정보도 친절하게 적어 놓는다. 카가와현을 사랑하는 마음이 곳곳의 글과 제품에서 잘 보여 괜스레 기분 좋아지는 장소다.

미나미신마치 상점가
高松市南新町4-9
11:00~20:00
087-887-8140
www.sunquelaque-sanukis.com

다이소
DAISO

저렴한 가격대의 생활잡화 전문점. 미나미신마치 상점가에도 있다.

- 마루가메마치 상점가
- 高松市丸亀町14-1
- 10:00~20:00
- 087-823-5710
- www.daiso-sangyo.co.jp

프랑프랑
Francfranc

예쁜 디자인의 인테리어 및 생활잡화 전문점으로 2층 건물이다.

- 마루가메마치 상점가
- 高松市丸亀町2-13
- 10:00~20:00
- 087-823-7211
- www.francfranc.com

루피시아
LUPICIA

차 전문점. 카가와현의 특산품으로 만든 지역 한정 상품도 있다.

- 마루가메마치 상점가
- 高松市三条町中所608-1
- 10:00~20:00 / 부정기 휴무
- 087-869-7700
- lupicia.co.jp

무인양품
無印良品

인테리어 및 생활잡화 전문점. 한국보다 저렴하게 구입할 수 있다.

- 마루가메마치 상점가
- 高松市丸亀町9-1
- 10:30~19:30
- 087-821-7550
- www.muji.net

주 돈구리 공화국
ZOO どんぐり共和国

귀여운 지브리 관련 상품을 비롯해 지브리와 상관 없는 잡화도 함께 판매한다.

- 미나미신마치 상점가
- 高松市南新町9-3
- 10:30~20:00
- 087-861-3721
- zoo-net.com

미야와키 서점
宮脇書店

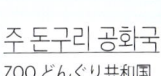

카가와현에서 시작된 서점으로 3층 규모의 일반 서점이다.

- 마루가메마치 상점가
- 高松市丸亀町4-8
- 09:00~22:00
- 087-851-3733
- www.miyawakishoten.com

DAY ONE
20:00
출출한 저녁에 맛보는 **야식 우동**

츠루마루
鶴丸

다카마츠 시내에서 가장 맛있는 카레우동을 맛볼 수 있는 수타 우동 전문점. 항상 대기 줄이 잇따르는 인기 맛집이다. 내부는 바테이블과 4인 테이블 3개 정도가 전부여서 넓지는 않지만 회전율이 빨라 자리가 금방 나오는 편이다. 카운터 쪽에서는 우동을 만드는 소리가 계속 이어지며, 바테이블 바로 건너편에서는 카레 국물이 쉴 새 없이 끓고 있다. 맛있는 카레향으로 가득해 먹기 전부터 침샘을 자극한다. 추천 메뉴는 당연히 카레우동(カレーうどん, 700엔). 쫄깃한 면발과 깊고 진한 카레 국물이 어우러져 한 그릇이 눈 깜짝할 새에 사라진다. 정신을 차리면 국물까지 싹싹 마시고 있는 자신을 발견하게 될 것이다. 소고기를 올려주는 규샤부카레우동(牛しゃぶカレーうどん, 950엔)도 있다. 우동만 먹기 아쉽다면, 튀김이나 토핑을 주문해 올려 먹거나, 카운터 쪽에 있는 셀프서비스 어묵을 곁들여 먹어도 좋다.

- 고토덴 가와라마치역에서 도보 5분
- 高松市古馬場町9-34
- 20:00~03:00 / 일요일, 공휴일 휴무
- 087-821-3780
- teuchiudon-tsurumaru.com

음주 후의 입가심, 시메우동 シメうどん

일본인들은 술을 마신 후 라멘이나 우동으로 마무리를 하는 문화가 있는데, 맛있는 우동집이 많은 카가와현에서는 우동을 먹는 사람이 압도적으로 많다. 이 시메우동으로 인기 있는 메뉴가 바로 카레우동과 니쿠우동. 의외로 가벼운 우동보다는 출출할 때 먹기 좋은 든든한 우동 메뉴가 인기 있다.

사누키멘노스케

さぬき麺之介

고토덴 선로 옆에 위치한 수타 우동 전문점. 우동만 계속 먹다 보면 우동의 쫄깃함에 서서히 익숙해져 가는데, 이곳은 독특하다 느껴질 정도로 면이 차별된다. 두툼한 우동은 굉장히 쫀득하고, 힘이 느껴져 꼭꼭 씹어 먹게 된다. 우동 종류가 다양한 편으로, 낮에는 카케우동(かけうどん, 보통 600엔, 대 700엔)이, 저녁에는 시메우동으로 카레우동(カレーうどん, 보통 1000엔, 대 1200엔)과 니쿠우동(肉うどん, 보통 900엔, 대 1000엔)이 인기 있는 편이다.

- 고토덴 가와라마치역에서 도보 5분
- 高松市瓦町 1-7-3
- 09:00~14:00, 17:00~02:00 / 무휴
- 087-802-2696

카케우동과 유부가 들어간 달달한 키츠네우동
(きつねうどん, 보통 700엔, 대 800엔)

카와후쿠

川福

1950년에 문을 연 현지 주민이 많이 찾는 오래된 우동 전문점. 창업자가 오랜 연구 끝에 우동이 가장 맛있는 굵기를 발견했고, 굵기 4밀리, 길이 90센티의 우동을 지금까지 고수하고 있다. 자루우동(ざるうどん, 570엔)으로 유명하며, 추천 메뉴는 텐자루우동(天ざるうどん, 1170엔). 매끈하고 탱글탱글한 우동에 바삭한 튀김의 조화가 잘 어울린다. 우동도 따로 판매하고 있으며, 3층 규모여서 많은 인원을 수용할 수 있다.

- 고토덴 가타하라마치역에서 도보 5분(라이온도리 상점가)
- 高松市大工町 2-1
- 11:00~24:00
- 087-822-1956
- www.kawafuku.co.jp

SPECIAL

우동에 질렸다면 다른 메뉴에 도전!

맛있는 우동 전문점이 많은 다카마츠이지만, 매번 같은 종류의 음식을 먹으면 물리는 법이다. 다카마츠 중앙상점가에서 맛볼 수 있는 다른 메뉴들을 소개한다.

잇카쿠
一鶴

1952년에 문을 연 호네츠키도리의 원조 격으로 마루가메에 본점이 있다. 카가와현을 대표하는 먹거리 호네츠키도리는 뼈가 붙어 있는 닭다리구이로 맥주와 찰떡궁합이다. 히나도리(ひなどり, 894엔)와 오야도리(おやどり, 1008엔) 두 종류가 있는데, 히나도리는 영계를 사용해 육질이 부드러우며, 오야도리는 노계로 씹는 맛이 있다. 기본적으로 양배추와 함께 주는데, 접시에 깔린 닭고기 육즙 소스에 찍어 먹는다. 간이 센 편이어서 주로 닭고기 고명이 들어간 밥 토리메시(とりめし, 462엔)나 샐러드(サラダ, 411엔)와 함께 먹는다.

📍 마루가메마치그린에서 도보 3분
🏠 高松市鍛冶屋町4-11
🕐 평일 16:00~23:00, 주말 11:00~23:00 / 연말연시 휴무
📞 087-823-3711
🌐 www.ikkaku.co.jp

히가사
ひがさ

다카마츠 최고의 돈까스 전문점. 두툼한 돈까스와 다양한 소스를 골라 먹는 재미가 있다. 추천 메뉴는 올리브를 먹고 자란 카가와산 돼지고기 등심을 사용하는 올리브부타로스(オリーブ豚ロース, 2150엔). 육즙 가득 촉촉한 속살에 얇고 바삭한 튀김이 환상적이다. 돈까스에 자신 있는 곳에서 볼 수 있는 소금(4종류) 외에 2가지 돈까스소스가 준비되어 있고, 칠리소스도 부탁하면 건네준다. 함께 주는 겨자소스와 이것저것 조합해 먹는 재미가 있다. 밥과 양배추, 된장국은 부탁하면 더 주고, 단무지는 자유롭게 덜어 먹으면 된다. 양 선택도 가능해 소는 100엔 할인. 대는 350엔이 추가된다. 밥 추가는 여성 제외라고 적혀 있으나 처음부터 워낙 많은 양을 줘서 추가할 일이 거의 없다.

📍 효고마치 상점가
🏠 高松市兵庫町2-7
🕐 11:30~15:00, 18:00~21:00 / 일요일 휴무
📞 087-821-0405

이타지로
板次郎

5월에 리뉴얼 오픈한 곳으로 신선한 해산물 덮밥 전문점이다. 그날그날 들어온 신선한 해산물을 사용해 덮밥을 만든다. 대표 메뉴인 고치소동(ごちそう丼, 980엔)은 참치, 방어, 오징어, 소라 등이 들어가며, 추가로 성게&연어알 우니이쿠라(うにいくら, 1580엔)나 참치 대뱃살 오오토로(大トロ, 1580엔)가 들어간 것, 전부 들어간 젠부노세(全部のせ, 1980엔)도 있다. 토사쇼유(土佐醤油), 키미쇼유(黄身醤油), 타마리쇼유(たまり醤油), 우메쇼유(梅醤油) 중 원하는 간장을 고르면 함께 가져다준다. 모든 덮밥 메뉴는 다시차즈케(出汁茶漬け) 포함이어서 다 먹고 이야기하면 재료를 내준다. 자동판매기로 주문하며, 일본에서는 드물게 밑반찬을 추가 요금 없이 자유롭게 먹을 수 있는 곳이다.

📍 미나미신마치 상점가
✂ 高松市南新町13-5
🕐 11:00~15:00, 17:00~22:00
📞 087-862-0445
🏠 www.facebook.com/itajiro

스시카츠
寿し勝

다카마츠에서 맛있는 초밥이 먹고 싶다면 하이엔드급으로 가야 해서 가격이 만만치 않다. 적당한 가격대의 초밥집 중 호평받는 곳이지만, 항상 같은 퀄리티를 유지하지는 않는다. 코스 중 가장 저렴한 기모치만푸쿠코스(気持ちまんぷくコース, 2500엔)는 츠키다시와 차왕무시, 국, 대중적으로 인기 있는 초밥 8점이 나온다. 초밥에 집중하고 싶다면 모둠초밥인 상급 죠니기리(上にぎり, 8점 1500엔), 카가와에서 잡히는 해산물로 만든 지자카나니기리(地魚にぎり, 8점 1500엔), 특상급 토쿠죠니기리(特上にぎり, 11점 2500엔) 중 고르자.

📍 라이온도리 상점가
✂ 高松市瓦町1-2-5
🕐 17:00~03:00 / 무휴
📞 087-823-3608

킨잔 제면소
欽山製麵所

다카마츠의 인기 라멘집. 보통 돼지뼈로 우린 라멘집이 많지만, 이곳은 대부분 닭뼈로 우려낸 육수를 사용한다. 닭뼈 육수라 그런지 라멘 위에는 돼지고기 차슈 대신 구운 닭고기를 올려준다. 대표 메뉴인 토리소바(鶏そば, 700엔)는 닭뼈 육수와 생선으로 맛을 낸 육수를 혼합해 만든 것으로 콜라겐이 듬뿍 들어간다. 점주가 가장 좋아하는 메뉴 우오토리소바(魚鶏そば, 750엔)는 이름대로 생선의 풍미가 살아 있는 라멘. 육수가 대체로 돈코츠보다 깔끔하긴 하지만 오래 끓인 진한 육수라 그런지 다 먹고 나면 살짝 느끼함이 감돈다.

📍 가타하라마치 상점가
🍴 高松市片原町4-10
🕐 11:00~14:00, 17:00~23:00 / 일요일 휴무
📞 087-821-3831

사누키록쿠
讃岐ロック

킨잔 제면소와 함께 인기 투톱을 달리는 라멘 전문점. 이곳은 닭과 멸치를 사용한 육수를 베이스로 사용한다. 이곳 육수는 진하기보다는 맑고 깔끔한 스타일이라서 느끼한 일본 라멘을 잘 못 먹는 사람들도 맛있게 먹을 수 있다. 라멘은 크게 간장인 쇼유(醬油, 700엔)와 소금인 시오(塩, 750엔)로 나뉜다. 둘 다 기본 라멘에 고명을 추가하거나 찍어 먹는 스타일인 츠케멘을 선택함에 따라 요금이 추가된다. 가장 많이 팔리는 메뉴는 간장 베이스에 차슈를 추가한 쇼유차슈(醬油チャーシュー, 900엔).

📍 타마치 상점가
🍴 高松市常磐町2-1-1
🕐 11:30~14:00, 18:00~24:00 /
일요일, 부정기 휴무

📍 미나미신마치 상점가(2층)
✂ 高松市南新町3-4
🕐 07:30~20:00 / 무휴
📞 087-834-2065

미나미코히텐
南珈琲店

다카마츠의 인기 커피 전문점. 40년에 가까운 역사를 가진 현지 주민들의 오랜 휴식처이다. 식사 시간 전후로는 테이블이 거의 다 차지만 대부분 조용히 휴식하는 분위기여서 차분하게 시간을 보내기 좋다. 바테이블에 앉으면 바로 앞에서 마스터가 분주하게 커피를 내리는 모습을 볼 수 있다. 500엔을 넘지 않는 저렴한 가격에 맛있는 커피를 맛볼 수 있다. 디저트는 따로 없고 토스트류(220~320엔)만 파는데 버터, 잼, 치즈, 햄 4종류가 있다. 아침에 방문해 토스트와 커피 한 잔으로 하루를 시작해도 좋다.

멜론 데 멜론
Melon de melon

2017년 9월에 막 오픈한 인기 멜론빵 전문점. 도쿄에서 시작된 인기 매장으로 오픈 당일부터 긴 줄이 생기며 매일 문전성시를 이룬다. 달걀과 휩 크림을 사용한 반죽에 프랑스산 버터와 아몬드파우더를 사용한 두꺼운 비스킷 반죽을 올려 만든다. 겉은 바삭하고, 안은 폭신하고 부드러워 소보로빵과 비슷하다. 멜론빵을 좋아하는 일본인이 워낙 많아서 그런지 매일 품절로 일찍 문을 닫는다. 6종류의 빵이 있으며 플레인멜론빵(プレーンメロンパン, 190엔)이 최고 인기 품목. 멜론빵이 궁금하다면 한 번쯤 맛보면 좋다.

📍 미나미신마치 상점가
✂ 高松市南新町8-3
🕐 10:00~20:00
📞 087-808-8198
🌐 www.melon-de-melon.com

DAY ONE

야외에서 즐기는 **노천 온천**

붓쇼잔 온천
仏生山温泉

다카마츠 시내에서 가까운 곳에 위치한 온천으로 관광객은 물론이고, 현지 주민에게도 사랑받는 인기 장소다. 2007년 굿디자인상을 받았으며, 다카마츠 출신의 건축가 오카 쇼헤이(岡昇平)가 설계했다. 건물이 굉장히 현대적인 디자인이어서 온천이라고 생각하기 힘들다. 내부도 세련된 분위기로 한쪽이 전면 유리로 되어 있어서, 낮에는 햇살이 들어와 따스한 분위기를 연출한다. 편히 쉴 수 있는 공간도 많다. 벤치부터 좌식 공간, 가장 안쪽에는 TV가 놓인 방으로 된 공간도 있다. 카운터 쪽에는 식사 공간과 기념품을 판매하는 공간도 있고, 작은 중고 서점도 길게 배치되어 있다. 욕실 입구 건너편에는 음료 자판기가 있어 온천욕 후 시원한 음료를 마시며 휴식을 취할 수 있다. 이곳의 하이라이트인 노천 온천탕 또한 아름답다. 특별하게 꾸미지 않은 여유로운 공간으로 가운데의 벤치와 정원 주위로 욕탕이 둘러싸고 있다. 온천욕을 하며 정원과 하늘을 감상하면 시간 가는 줄 모른다. 건물 외부부터 휴식 공간, 온천 공간 모두 운치 있고 편안한 분위기라 오래 머물게 되는 장소다. 일본의 대중목욕탕이 그러하듯 문신이 있으면 입욕이 불가능하다.

📍 고토덴 붓쇼잔역에서 도보 15분
🚻 高松市仏生山町乙114-5
🕐 평일 11:00~24:00, 주말 09:00~23:00
　 (접수 ~23:00) / 넷째 화요일 휴무
💴 600엔
📞 087-889-7750
🔗 busshozan.com

작은 헌책방 공간을 만들어 자유롭게 책을 읽고 구입할 수 있다.
문고는 모두 200엔이며, 욕탕에서도 책을 읽을 수 있다.

기념품 공간을 구경하고 있으면 괜스레 분위기에 취해 바가지 하나마저 예뻐 보이고 갖고 싶어진다.

① 카운터 옆에 있는 식사 공간은 오후 10시까지 운영하며, 음료 및 간단한 일품요리는 오후 11시 30분까지 주문 가능하다.
② 한국인들의 목욕 후 정석 음료는 바나나우유지만, 일본인들은 커피우유를 마신다고 한다.

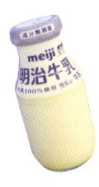

고토덴 온천 승차 입욕권 ことでんおんせん乘車入浴券

붓쇼잔 온천을 이용할 예정이라면 고토덴 교통 패스와 입욕료(600엔), 붓쇼잔 오리지널 타월(150엔)이 포함된 고토덴 온천 승차 입욕권(1000엔)을 구입하자. 고토덴역에서 입욕권을 구매하면 부채를 주는데, 부채가 티켓을 겸한다. 이용일을 말하면 해당 날짜의 도장을 찍어주고, 온천 이용 시 카운터에서 확인 도장을 찍어준다. 고토덴은 붓쇼잔역 기준 320엔 구역까지는 무제한으로 이용 가능하다. 구역 외 지역으로 간다면 추가 요금을 납부해야 한다. 입욕권은 1일간 유효하며, 구매일로부터 1개월 내 지정일에 사용한다. 미사용 시 환불(수수료 190엔)도 가능하다.

판매역 다카마츠칫코역, 가타하라마치역, 가와라마치역, 리츠린코엔역, 붓쇼잔역, 이마바시역

사누키우동 讃岐うどん

사누키우동은 아키타현의 이나니와우동(稲庭うどん), 군마현의 미즈사와우동(水沢うどん)과 함께 일본 3대 우동이라 불린다. 카가와현의 옛 지명인 '사누키'에서 따온 이름으로, 카가와현 일대에서 생산되는 굵고 쫄깃한 우동의 일종이다. 카가와현에서는 옛날부터 밀, 소금, 멸치, 간장 등 양질의 우동 재료를 쉽게 구할 수 있었고, 이는 특산품으로 발전했다. 재료의 발전에 따라 자연스레 우동 또한 많이 먹으며 발달했고, 지금에 이르렀다.

카가와현은 우동의 고장답게 일본 내에서도 우동 소비량은 물론이고 생산량 또한 1위이다. 생산량 2위인 사이타마현과 3배 이상의 차이를 보인다. 카가와현 주민을 대상으로 한 조사에 따르면 우동을 '일주일에 한 번 이상 먹는다'는 사람의 비율이 90% 이상인 걸로 나타났다. 사누키우동은 카가와현의 단순한 관광 상품이라기보다 현지 주민들의 생활과 밀접하게 연결된 하나의 중요한 문화인 것이다.

사누키우동은 다음과 같이 정의되는데, '명물', '본고장', '특산' 등의 명칭이 붙는 경우에 해당된다고 한다. 현 밖에서는 다른 우동과 구분하기 위한 기호로 사용되는 경우가 많다.

- 카가와현에서 제조된 것
- 수타로 제조된 것
- 물의 비율이 밀가루 중량 대비 40% 이상인 것
- 소금의 비율이 밀가루 중량 대비 3% 이상인 것
- 숙성 시간이 2시간 이상인 것
- 삶는 경우, 삶는 시간이 약 15분 정도로 충분히 익힌 것

대표 우동 캐릭터

뇌가 우동으로 된 캐릭터 우동뇌(うどん脳). 홈페이지 (www.udonw.com)는 물론, 각종 SNS를 섭렵하고 있다.

탄력이 강한 우동 면발 캐릭터. 우동현 관광과 계장 우동켄(うどん健). 트위터 (@udonken_udonken)도 한다.

KANAZAWA COLUMN

우동버스 うどんバス

카가와현의 손꼽히는 우동 맛집은 대부분 시내에서 멀리 떨어져 있고, 대중교통으로 갈 수 없는 곳도 많다. 그래서 생긴 것이 바로 이 우동버스다. 가이드와 함께 하루 2곳의 우동 전문점을 방문하는데, 요일과 오전·오후 코스에 따라 방문하는 우동집이 달라서 이 버스를 여러 번 이용하는 사람도 있을 정도다. 크게 반일 코스와 일일 코스로 나뉘는데, 반일 코스는 우동 전문점 2곳을 돌고(오후는 명소 1곳 추가), 일일 코스는 우동 전문점 2곳과 명소 1~2곳을 돈다. 교통편만 제공하는 것으로, 우동 식비과 명소 입장료 등은 따로 지불해야 한다. 예약은 홈페이지에서 가능하며 당일 만석이 아니라면 예약 없이도 탑승할 수 있다. 가이드는 일본어로 설명해주지만 간단한 한국어 안내서가 있어서 이용하는 데 큰 어려움은 없다. 우동버스로 방문하는 우동 전문점은 모두 유명한 맛집이므로 회전율이 빠르긴 하지만 최대한 대기를 피하기 위해 평일에 가는 것을 추천한다.

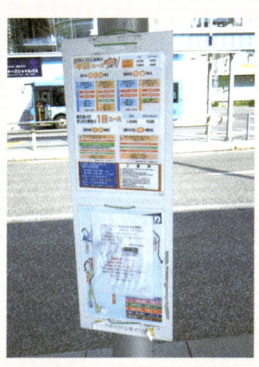

📍 JR 다카마츠역 앞 버스터미널 9번 탑승장, 리가 호텔 제스트 다카마츠 앞, 고반초(五番町) 버스정류장
🕐 휴무 4/29~5/7, 8/11~15, 12/30~1/5
💰 반일 코스(평일) 1000엔, 1일 코스(주말) 1500엔
📞 087-851-3155
🌐 한글 www.kotosan.co.jp/sp/kr.pdf, 예약 www.kotosan.co.jp/sp/order

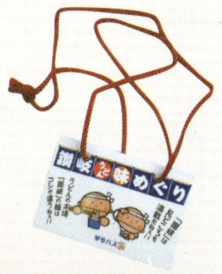

우동 주문 시 알아두면 좋은 단어

면·국물
- 차가운 것(冷たい, 츠메타이 = ひや, 히야)
- 따뜻한 것(温かい, 아타타카이 = あつ, 아츠)

양
- 소(小, 쇼 = 1玉, 이타마)
- 대(大, 다이 = 2玉, 후타마)

나가타 인 카노카 長田 in 香の香

가마아게우동만 파는 전문점으로 카가와현에서 톱을 다투는 우동 맛집이다. 입구에서 주문 및 계산 후 자리를 잡으면 우동과 국물을 가져다준다. 물을 가져오면서 국물을 담은 잔을 하나 더 챙기자. 가마아게우동(釜揚げうどん, 소 250엔, 대 350엔, 특대 600엔)은 뜨거운데도 흐물흐물하지 않고 힘이 느껴지는 탄력 있는 면발이다. 멸치 육수와 간장 등으로 만든 국물은 깊으면서도 산뜻해 궁합이 좋다. 차가운 버전인 히야시우동(冷しうどん)과 대용량 다라이우동(たらいうどん, 소 1000엔, 대 2000엔)도 판매한다.

- JR 곤조지역에서 도보 10분
- 善通寺市金蔵寺町本村1180
- 09:00~17:00 / 수 · 목요일 휴무
- 0877-63-5921
- www.geocities.jp/nagata_in_kanoka

카모우 がもう

카케우동 전문점으로 카가와현 최고 인기 맛집 중 하나이다. 입구 바로 앞에서 면(냉, 온, 가마아게)과 양(소 150엔, 대 250엔, 특대 350엔)을 주문하고 받아서 국물과 토핑을 골라 담고 계산한다. 차가운 면은 탱글탱글해 씹는 즐거움이 있고, 따뜻한 면은 조금 더 부드러워 목 넘김이 좋다. 국물은 가벼우면서도 감칠맛이 나 남김없이 다 마시게 된다. 내부가 워낙 좁아서 야외 벤치에서 먹는 사람이 많다. 다 먹은 뒤에는 싱크대에서 직접 식기를 정리하고 나오면 된다.

- JR 가모가와역에서 도보 15분
- 坂出市加茂町420-1
- 08:30~13:30 / 일요일, 셋째 · 넷째 월요일, 10월 10일, 부정기 휴무
- 0877-48-0409
- www.kbn.ne.jp/home/udong

야마고에우동 山越うどん

지금은 사누키우동을 대표하는 우동의 한 종류로 자리 잡은 가마타마우동이 시작된 곳이다. 들어가서 우동 종류와 면을 말하고 받은 뒤 함께 먹을 사이드 메뉴를 골라 계산하면 된다. 최고 인기 메뉴는 역시 가마타마 (かまたま, 소 250엔, 대 350엔)로 테이블에 있는 가마타마용 소스를 뿌려 먹으면 된다. 뜨거운 카케우동용 국물을 조금 섞어 날달걀을 살짝 익혀 먹어도 좋다. 다 먹은 뒤 식기는 직접 정리한다.

- 고토덴 다카노미야역에서 자동차로 10분
- 綾歌郡綾川町羽床上602-2
- 09:00~13:30 / 일요일, 연말연시 휴무
- 087-878-0420
- www.yamagoeudon.com

미야타케우동 宮武うどん

면과 국물의 온도를 각각 따로 선택할 수 있게 만든 원조집이라고 한다. 앞의 단어는 면을 말하고, 뒤의 단어는 국물을 말한다. 즉, 가장 인기 있는 히야아츠(ひやあつ, 소 250엔, 대 350엔)는 차가운 면에 뜨거운 국물의 카케우동을 말한다. 그 외에 쇼유우동(しょうゆうどん, 소 200엔, 대 300엔)과 전갱이튀김 아지후라이(あじフライ, 150엔)도 추천 메뉴.

- 고토덴 엔자역에서 도보 25분
- 高松市円座町340
- 09:30~15:00 / 수요일 휴무
- 087-886-0939
- www.miyatakeudon.com

야마시타우동 山下うどん

광활한 논밭 사이에 위치한 인기 우동 전문점. 주문할 때는 우동 종류(우동, 소바, 가마아게, 자루)와 냉·온, 양을 말한 뒤 국물은 셀프서비스로 직접 뿌려 먹는다. 인기 메뉴는 츠메타이우동(冷たいうどん, 소 150엔, 대 280엔)에 따뜻한 국물을 넣은 카케우동. 이곳은 놀랍게도 식기를 반납하면서 계산하는 후불제이기 때문에 자기가 먹은 메뉴를 말해야 한다. 튀김이나 어묵 등을 골라 먹은 경우, 정확한 이름을 알기 힘드니 먹기 전에 미리 사진을 찍어서 보여주는 것이 편하다.

- JR 사누키후츄역에서 도보 15분
- 坂出市加茂町147-1
- 08:00~16:00(토요일 ~15:00, 일요일 ~14:00) / 월요일(공휴일인 경우 화요일) 휴무
- 0877-48-1304

SHOPPING

오늘의 수확물

다카마츠의 기념품을 소개한다. 지역 특산품은 마리타임 플라자 다카마츠에 있는 시코쿠숍 88(四国ショップ88)에 가장 많은 상품이 모여 있다. 다카마츠뿐만 아니라 쇼도시마를 비롯해 주변 지역의 특산물이 모두 모여 있어 한번에 쇼핑하기 편하다. JR 다카마츠역 안의 다카마츠 명품관(高松銘品館)에도 주요 상품이 모여 있으니 함께 방문해보자.

1. 와산본 和三盆

고급스러운 단맛을 선사한다. 간간이 당 보충용으로 좋다.

2. 명물 카마도 名物かまど

안에 흰색 앙금이 들어간 화덕 모양 만주. 살짝 뻑뻑한 편이다. 제26회 전국 화과자 대박람회 수상 경력이 있다.

3. 쇼유마메 しょうゆ豆

적당히 달달한 콩 식품으로, 짜지 않고 맛있다.

4. 프레츠 PRETZ

세토우치 레몬맛으로, 세토우치 지역 한정 상품이다. 상큼 짭짤해 맛있다.

5. 치로루 チロル

폰주스 시코쿠 한정 상품. 귤맛 초콜릿으로 안에는 귤맛 젤리도 들어있다.

6. 카키노타네 柿の種

시코쿠 한정 상품으로 맥주 안주로 좋은 과자. 향에서 차이가 날뿐 맛 차이는 크지 않다.

7. 사누노키산 讃の岐三

깊은 맛의 초콜릿 반죽 안에 고급스러운 와산본과 팥, 앙금이 들어가 달콤하다. 카가와현산 특산품 콩쿠르 최우수상을 비롯해 다양한 수상 경력을 자랑한다.

8. 가루비 Carbee

세토우치 레몬맛. 감자칩에 상큼한 레몬맛이 첨가되어 있다. 세토우치 레몬이 적힌 과자들은 기본적으로 상큼한 맛이 있어 호불호가 갈릴 수 있다. 한국의 포카칩 라임페퍼맛을 맛있게 먹었다면 잘 맞을 지도 모른다.

오늘의 루트맵

※오늘의 루트는 다음의 교통편 시간에 맞춰져 있으며, 교통편 시간이 없는 부분은 도보 이동이다. 교통편 시간은 2017년 11월 기준이며, 방문 전 페리 및 올리브버스 시간표 확인은 필수이다. 앤젤 로드의 간조 시간에 맞춰 루트를 변경해도 좋다.

다카마츠항 06:25 쇼도시마 토노쇼항행 페리 탑승 → 토노쇼항 07:25 도착 → 토노쇼코 07:55 올리브버스 탑승 → 야스다카미 08:36 하차 → 야스다 10:58 올리브버스 승차 → 마루킨마에 11:02 하차 → 마루킨마에 12:29 올리브버스 탑승 → 산오리브 12:46 하차 → 산오리브 15:01 올리브버스 탑승 → 고쿠사이호테루 15:27 하차

- 쇼도시마페리 www.shikokuferry.com
- 올리브버스 www.shodoshima-olive-bus.com

DAY TWO

00:30

올리브 섬, 쇼도시마의 현관문

토노쇼항
土庄港

다카마츠항에서 쇼도시마행 페리를 타면 도착하는 곳이 바로 토노쇼항이다. 토노쇼항은 크게 4가지 건물로 구성된다. 오카마야행 페리터미널인 아토노쇼 터미널, 다카마츠·우노·데시마행 페리 티켓을 파는 페리 매표소, 고속정 탑승장인 올리브 포트 토노쇼(Olive Port Tonosho), 그리고 관광객의 휴식처이자 쇼도시마 기념품을 판매하는 토노쇼 관광 센터(土庄観光センター)이다. 관광 센터에는 식당과 기념품점은 물론이고, 가장 안쪽에 관광 지도도 놓여 있어 쇼도시마 여행 전후로 들리기 좋다. 또한, 항구 주변에 예술 작품이 있으니 시간이 남는다면 구경해보자.

📍 페리 탑승장 바로 앞
🗺 小豆郡土庄町土庄甲5165-201

아토노쇼 터미널 `코시노 준코/아틀리에 오모야 コシノジュンコ/アトリエオモヤ`
ART no SHOW TERMINAL

기존의 토노쇼항 페리터미널을 리모델링해 2층에 작품 전시와 이벤트 등을 개최하는 교류의 장으로 만들었다. 초기에는 아틀리에 오모야와 함께 제작한 북소리에 반응하는 유리알이나 천이 펄럭이는 작품, 코시노 준코의 패션 작품 등을 전시했으나, 현재는 그때그때 다른 작품들을 전시한다. 배 시간이 남을 때 들러보면 좋다.

📍 토노쇼항 페리 탑승장 바로 앞
　(오카야마행 페리 매표소)

태양의 선물 `최정화 崔正化`
太陽の贈り物

한국인 예술가의 작품으로 올리브 섬, 쇼도시마의 현관문을 담당하는 상징물이다. 올리브관 모양의 눈부신 금색 관을 액자 삼아 보는 바다 풍경이 멋지다. 올리브잎에는 섬에 사는 아이들의 메시지를 새겨놓았다. 관광객의 인기 촬영 스폿.

📍 토노쇼항 고속정 탑승장 바로 앞

DAY TWO
09:00
오랜 기간 숙성된 **간장 창고 탐험**

야마로쿠 간장
ヤマロク醬油

150년 정도의 역사를 가진 쇼도시마의 대표 간장 브랜드 중 하나. 현재 5대째가 운영 중이지만 정확한 기록이 남아 있지 않아 6대째, 7대째일 지도 모른다고 한다. 야마로쿠가 간장 브랜드로 시작된 것은 1949년으로 그 전까지는 간장을 짜내기 전 상태인 '모로미' 판매점이었다. 3대째부터 간장을 짜내는 압착기를 도입해 간장 전문점이 되었다.

예약 없이 간장 창고 견학이 가능하다. 일본어로 간단한 설명을 해주고, 10~15분 정도로 짧게 둘러본다. 하나하나 손으로 직접 만든 거대한 나무통에 간장을 발효시켜 만드는데, 전통적인 제조 방식을 고수하는 일본에서도 몇 안 되는 곳이다. 견학을 마친 후에는 4가지 간장을 맛보고, 구입할 수 있다. 다카마츠 시내나 공항에 있는 기념품점과 가격 면에서는 큰 차이가 나지 않지만, 시식이 가능하고 상품이 다양하다는 점에서 메리트가 있다. 찻집도 운영해 입구 옆에 마련된 자리에서 휴식을 취하며 음료 및 간장 디저트를 맛볼 수 있다.

- 📍 올리브버스 야스다카미(安田上) 하차 후 도보 10분
- ✖ 小豆郡小豆島町安田甲1607
- 🕘 09:00~17:00 / 무휴
- 📞 0879-82-0666
- 🌐 yama-roku.net

주말 한정으로 판매하는 간장 푸딩.
쇼유푸딩(しょうゆプリン, 324엔)

① 견학으로 볼 수 있는 간장 창고
② 나무통에 담긴 간장들. 숙성이 완료된 것은 통에서 꺼내 블렌딩 작업을 거쳐 완성한다.
③ 문득 보면 나무통 전체를 뒤덮은 이끼나 먼지 같지만, 간장을 발효시키는 중요한 효모균이다. 돈으로도 살 수 없는 숙성의 핵심 요소이기 때문에 절대로 만져서는 안 된다.

DAY TWO

00:00

흔치 않은 **생소면**을 맛볼 기회

나카부안
なかぶ庵

쇼도시마의 대표 특산품 중 하나인 소면 전문점으로 쇼도시마에서 가장 맛있는 소면을 만드는 곳으로 유명하다. 연휴나 주말 식사 시간에는 긴 행렬이 생기니 피하는 것이 좋다. 맛집임을 증명하듯 메뉴는 한 가지로, 보기 드문 생소면, 나마소멘(生そうめん, 500엔)을 맛볼 수 있다. 매끈하고 쫄깃한 면발로 면 자체에 감칠맛이 있다. 하지만 가느다란 소면인지라 맛에 둔감한 사람이 큰 기대를 품는다면 실망할지도 모른다. 게다가 사이드 메뉴가 따로 없고, 국수 중에서도 후루룩 삼켜 잘 안 씹히게 되는 소면인지라 양도 많지 않고 금방 소화된다. 페리에서 이른 아침을 먹고 오는 편이 좋다. 예약하면 바로 옆의 공간에서 공장 견학과 소면 늘리기 체험이 가능하다. 일본어로 진행되지만, 소면이 만들어지는 과정은 사진과 함께 설명해주고, 체험은 직접 보여줘 진행에 무리는 없다.

- 올리브버스 야스다카미(安田上) 하차 후 도보 5분
- 小豆郡小豆島町安田甲1385
- 10:00~15:00(재료 소진 시) / 월요일(공휴일인 경우 화요일), 연말연시 휴무
- 공장 견학 300엔(30분 소요), 공장 견학+소면 늘리기 체험 600엔(50분 소요), 공장 견학+소면 늘리기 체험+식사 1100엔(1시간 소요)
- 0879-82-3669
- www.shodoshima-nakabuan.co.jp

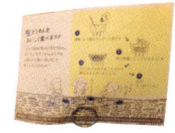

내부 한편에 소면과 올리브 관련 상품이 진열되어 있다. 공장 직영이라 다른 곳보다 저렴하게 판매하니 이곳에서 사가는 것이 좋다.

>
> **생소면 맛있게 만들어 먹는 방법**
> ❶ 물이 끓으면 면을 넣는다.
> (1봉지에 2리터 이상의 물 사용)
> ❷ 다시 물이 끓으면 90초 기다린 뒤 불을 끈다.
> ❸ 채반으로 면을 건져 찬물에 씻어 식힌다.
> (여름에는 얼음물 사용)
> ❹ 완성해 국물과 바로 먹는다.

① 생소면은 30일간 냉장 보관이 가능하다. 따로 냉장 보관되어 있으므로 점원에게 말하면 보냉팩에 포장해준다. 바로 옆에 찍어 먹는 국물도 함께 판매한다.
② 삶은 뒤 차갑게 헹군 소면을 차가운 국물에 찍어서 먹는 방식으로 면 자체의 쫄깃함을 잘 느낄 수 있다.

SPECIAL

쇼도시마 소면 늘리기 체험

쇼도시마의 소면 전문점 중에는 공장 견학과 더불어 막대기를 가지고 소면을 늘리는 하시와케(箸分け) 체험이 가능한 곳도 있다. 앞서 소개된 나카부안도 이 체험을 진행하니 원한다면 예약해서 방문해보자. 음식점과 연결된 바로 옆 공간에서 쇼도시마 소면에 대해 알려준 뒤 소면의 공정 과정을 기계를 보여주며 설명하고 체험을 진행한다. 체험을 마친 뒤에는 식사로 마무리한다.

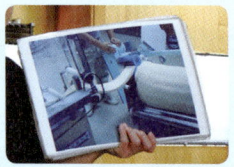
❶ 날씨에 맞춰 염도를 정하고 밀가루, 소금, 물로 반죽을 만들어 원통형으로 다듬는다.

❷ 원통형 반죽을 기계에 넣어 10센티미터의 너비로 뽑아 약 30킬로그램씩 나눠 담아둔다.

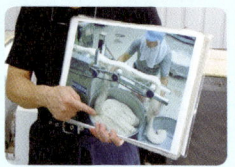
❸ 2개의 반죽을 기계에 합쳐 넣고 힘을 가해 하나의 긴 2층 반죽으로 나오도록 만든다. 이 과정을 4번 되풀이해 총 16층의 넓적한 반죽이 나오도록 만든다.

❹ 넓적한 반죽을 다음 기계에 2번 정도 돌려 압연하면 2센티미터 두께가 된다. 이 반죽을 다시 포개서 합쳐 굵기 5센티미터의 로프 모양으로 만든다. 합친 반죽이 나올 때는 반죽이 마르지 않도록 따뜻한 참기름을 표면에 발라 통에 동그랗게 말아 담는다. 그 뒤 반죽을 다시 기계에 2번 정도 돌려 2센티미터 두께로 만든 뒤 통에 담아 숙성시킨다.

❺ 다음 기계에 2개의 막대기를 꽂고, 숙성된 면을 중간중간 걸어 막대기에 번갈아 감기도록 만든다. 이때쯤이면 면의 굵기는 5밀리미터 정도가 된다. 면이 걸린 막대기는 적당한 습도로 구성된 밀폐 상자에 하나씩 담아 보관해 숙성시킨다.

❻ 면 길이를 50센티미터 정도로 늘려두고 다시 숙성시킨다. 한 번에 많이 늘리면 면이 끊어지므로 조금씩 여러 번 반복해 늘린다.

하시와케 체험

❼ 막대기를 연장 도구에 걸어 면을 단계적으로 늘려간다.

❽ 적당한 길이로 늘어나면, 면을 연장 도구에 대각선으로 걸어 놓고 면의 틈 사이로 막대기를 넣고 벌려가며 늘린다.

❾ 면이 2미터 정도로 늘어나면 연장 도구에 걸어둔다.

TIP

쇼도시마 소면이란?

쇼도시마 소면은 420여 년의 오랜 역사를 가진 음식으로, 일본 3대 소면 중 하나이다. 정식 명칭은 쇼도시마의 손으로 늘린 소면이라는 의미의 쇼도시마테노베소멘(小豆島手延素麵)이라 한다.

겨울 농한기에 손이 비던 쇼도시마 주민들이 겨울철에 할 일을 찾아 소면을 만들게 되었다. 쇼도시마는 소면을 만드는데 적합한 기후이고, 양질의 재료를 현지에서 구할 수 있었기에 소면이 특산품으로 자리 잡았다. 밀가루, 세토우치해의 소금, 쇼도시마산 참기름으로 만들고, 세토우치해와 쇼도시마의 산을 넘어온 바람으로 건조시켜 변함없는 맛과 품질을 유지한다. 옛날 산업화 이전에는 면을 손으로 직접 하나하나 가늘게 만들었기 때문에 가격이 비싼 고급 음식에 속했다. 하지만 산업화 이후 기계가 들어오며 생산량이 배로 늘어나 대중적인 음식으로 거듭났다. 소면은 건조하고 눈도 적게 오는 겨울철에 만들기 적합해서 겨울 동안 만들어둔 것을 다음 해 겨울이 올 때까지 판매한다.

❿ 연장 도구에 늘린 면을 걸어두고, 마지막으로 연장 도구의 높이를 조절해 면을 늘린다.

⓫ 온화한 햇빛과 섬바람에 천천히 충분하게 건조시킨다. 야외 건조가 끝나면 실내 건조기에 넣는다.

⓬ 건조가 끝난 면은 먹기 좋은 길이로 잘라 완성해 다음 날 묶음으로 포장한다. 그 뒤에는 장기 숙성 기간에 돌입해 여름철까지 창고에서 충분히 숙성시킨다. 이 기간에 면의 쫄깃함이 살아나고 청량한 식감을 길러낸다.

DAY TWO
00:00
100년 이상 된 간장 명가

마루킨 간장 기념관
マルキン醤油記念館

마루킨 간장의 역사와 문화를 소개하는 곳으로, 1987년 마루킨 간장 창업 80주년을 기념해 다이쇼시대 초기에 지어진 공장 중 하나를 개조해 만들었다. 본래 모로미를 간장으로 뽑아내는 압착 공장이었다. 지붕을 가파르게 만든 '갓쇼즈쿠리(合掌造リ)' 건물로서는 일본 최대 규모를 자랑하며, 1996년에 국가 지정 유형문화재가 되었다.
내부로 들어가면 마루킨 간장의 쇼와시대 장부부터 간장을 만드는 과정, 원료, 상품을 비롯해 홍보물, 간장을 만드는데 사용되는 도구까지 전시한다. 주요 설명에는 바로 옆에 영문 설명이 함께 놓여 있다. 가장 안쪽에는 간장의 중요 재료인 누룩을 만드는 방 코지무로(麴室)도 있다.

기념관 내부의 나무통 터널로, 실제로 간장을 숙성시키는 데 사용했던 통이다.

- 올리브버스 마루킨마에(丸金前) 하차 후 바로 앞
- 小豆郡小豆島町苗羽甲1850
- 09:00~16:00(7월 20일~8월 31일, 10월 16일~11월 30일 ~16:30) / 연말연시, 부정기 휴무(홈페이지 확인)
- 0879-82-0047
- moritakk.com/know_enjoy/shoyukan

① 기념품점 물산관(物産館). 쇼도시마 기념품과 마루킨 간장 상품을 판매한다.
② 이곳에서만 판매하는 마루킨 간장의 쿠라노시즈쿠(蔵の雫). 100년 된 창고에서 사계절 내내 숙성시킨 것으로 1년에 한번만 만들어진다고 한다.
③ 마루킨 방문 인증의 간장소프트(しょうゆソフト, 300엔). 우유 베이스에 살짝 간장향이 감돌고 먹을수록 조금씩 짭쪼름해진다. 생각보다 맛있다.

기념관 근처의 4호 천연양조장의 갤러리 스테이지에서 창고 내부를 견학할 수 있다. 오전 9시부터 오후 5시까지 무료 개방한다(2017년 11월 기준 공사로 견학 중단).

DAY TWO
02:00
언덕을 수놓는 **초록 올리브**의 향연

올리브 공원
オリーブ公園

쇼도시마를 대표하는 필수 방문지로 바다가 보이는 언덕 위에 위치한다. 공원 안은 약 2000그루의 싱그러운 올리브나무로 가득 차 있다. 아주 넓지는 않지만 구석구석 사진 찍을 곳도 많고 언덕을 오르내려야 해서 쉬면서 다니면 시간이 금방 지나간다. 언덕 아래 버스정류장 앞쪽으로는 올리브 비치도 있어 언덕 공원과 바다를 함께 즐길 수 있다.

공원 내에는 올리브의 역사에 대해 알 수 있는 올리브 기념관, 지중해에 온 듯한 착각이 드는 그리스 풍차, 약 120종류의 허브를 가꾸는 허브 가든, 일본 영화 〈마녀 배달부 키키〉을 촬영했던 잡화 · 허브숍 코리코 등 올리브와 허브를 오감으로 즐길 수 있는 복합 시설이다.

- 올리브버스 산오리브(サン・オリーブ) 하차 후 바로 앞
- 小豆郡小豆島町西村甲1941-1
- 08:30~17:00/무휴
- 0879-82-2200
- www.olive-pk.jp

올리브 공원의 대표 명물 그리스 풍차

① 올리브 기념관에서 빌려주는 빗자루로 점프샷을 남기는 사람들
② 일본 영화 〈마녀 배달부 키키〉의 촬영 장소인 허브·잡화점 코리코

① 올리브 기념관 オリーブ記念館

입구로 들어서자마자 올리브 여신 아테나상이 반긴다. 내부에는 올리브의 역사와 산업, 올리브오일의 특성 등을 보여주는 자료가 전시되어 있다. 올리브와 허브 관련 상품을 취급하는 매점과 지중해 요리 레스토랑 '올리바즈'도 이곳 2층에 있다. 입구 옆에서 파는 올리브소프트(オリーブソフト, 300엔)는 관광객이라면 꼭 맛보는 인기 아이스크림이다.

 레스토랑 11:00~16:00, 음료(테이크아웃) 10:00~17:00

> **TIP**
>
> **하트 올리브잎 책갈피**
>
> 기념관 한쪽에는 올리브잎을 코팅해 책갈피로 만들 수 있는 서비스가 있다. 네 잎 클로버처럼 하트 모양의 올리브잎을 찾으면 행복해진다는 설이 있으니, 공원을 돌며 올리브잎을 찾아보자. 책갈피를 구입한 뒤 직접 만들면 된다.

② 선 올리브 SUN OLIVE

올리브 공원의 또 다른 음식점과 온천이 위치한 건물. 2층에 위치한 레스토랑 선 올리브는 저녁까지 영업해 편하게 들르기 좋다. 쇼도시마 소면과 간장조림 요리 츠쿠다니, 세토우치해의 풍부한 자연에서 자란 쇼도시마 쌀과 특산품 등을 사용해 일본 가정식을 선보인다. 추천 메뉴는 오야코히시오동(親子ひしお丼, 950엔)으로 일반 오야코동과는 조금 다르게 닭고기 슬라이스와 삶은 달걀, 계절 채소가 들어간다. 그 위에 특제 모로미소스를 뿌려주고, 사이드로는 츠쿠다니가 나온다. 이곳에서 사용하는 츠쿠다니는 모두 특산품으로 판매하고 있으니 맛보고 원한다면 구입할 수 있다. 3층에는 온천(700엔, 우동 패스포트 할인)도 있다.

- 레스토랑 10:00~15:00, 17:00~21:00, 온천 12:00~21:00 / 수요일 휴무

DAY TWO
09:30
하루 두 번 열리는 **천사의 산책로**

앤젤 로드
エンジェルロード

쇼도시마의 대표 볼거리 중 하나로 조수 간만의 차로 모랫길이 나타났다 사라진다. 하루 2회 길이 열려 요시마(余島)까지 연결된다. 소중한 사람과 손을 잡고 앤젤 로드를 건너면 소원이 이루어진다는 설이 있는 로맨틱한 장소. 길을 따라 많은 사람이 해변에서 시간을 보내는데, 모래에 자갈이 섞인 편이라 신발을 신고 걷기를 권한다.
입구에는 관광안내소와 발 씻는 곳이 마련되어 있다. 에비스진자(蛭子神社)를 지나면 약속의 언덕 전망대(約束の丘展望台)로 올라가는 길이 보인다. 길을 따라 올라가면 종을 비롯해 에마와 조개껍데기를 거는 곳이 있다. 앤젤 로드의 아름다운 모습이 보이는 대표 촬영 스폿으로 공간이 넓지 않아 기념 촬영을 하려면 기다려야 하는 때가 많다.

올리브버스 고쿠사이호테루(国際ホテル) 하차 후 도보 5분
小豆郡土庄町銀波浦
0879-62-7004
www.shodoshima-kh.jp/angel

앤젤 로드의
터줏대감 고양이

DAY TWO
06:30
오래된 **미로의 마을**에서 예술 탐험

메이팜
メイパム

토노쇼항과 앤젤 로드 사이에 위치한 곳으로, 골목이 미로처럼 얽혀 있어 미로의 마을이라는 애칭이 있다. 약 670년 전 일본 남북조시대에 해적이나 적의 침투에 대비해 만들어졌다고 한다. 미로 어디서나 잘 보이는 절의 탑 사이코지(西光寺)를 중심으로 주변에 있는 오래된 건물을 새로운 가치로 다시 살려내기 위해 아트 갤러리와 카페 등으로 만들었다. 메이팜 갤러리는 총 5개로 구성되며, 공통 관람권을 판매한다. 갤러리 외에도 음식점과 카페, 관광안내소 등이 곳곳에 배치되어 있어 쉬엄쉬엄 돌아다니기 좋다. 오래된 옛날 주택 사이를 거닐며 갤러리 탐방과 더불어 미로의 마을을 체험해보자.

- 올리브버스 토노쇼혼마치(土庄本町) 하차
- 小豆郡土庄町甲405
- 10:00~18:00
- 5개 공통 관람권 1000엔, 개별 입장료 500엔
- 0879-62-0221
- meipam.net

① 메이팜 1 メイバム1

포목점의 창고였던 곳이 갤러리 겸 관광안내소로 탈바꿈했다. 3층 건물이며 카운터로 가려면 갤러리 입구로 들어가야 한다. 우측의 메이팜 1 입구인 원통형의 거대 아트 'HEISEI MAZE SPIRAL' 표면에는 미로의 마을 지도가 그대로 디자인되어 있다. 그 안으로 끝이 보이지 않는 원형 계단을 올라가 3층 건물로 이동해 갤러리와 기념품점을 관람한 후 1층의 카운터로 가자. 기념품을 계산하거나 다른 갤러리의 공통권을 구매할 수 있다. 지도도 꼭 챙기자.

② 메이팜 2 メイバム2

본래 간장집과 쌀집의 창고였던 곳이다. 지붕이 보이도록 천정을 드러내고 내부의 벽을 허물어 거대한 입체 작품의 전시가 가능하도록 만들었다. 흙벽과 바닥이 소리를 흡수해 음향 환경도 좋다. 기간에 맞춰 특별 전시를 진행한다. 무인으로 운영하는 곳으로, 입장권을 구매하면서 받았던 목걸이 카드를 도어록에 대면 문이 열린다.

③ 메이팜 3 メイパム 3

세토우치 국제예술제 2016 당시에는 공개되었으나, 지금은 외부 관람만 가능하다. 원래 찻집과 간단한 일품요릿집이었는데, 점포를 나눈 벽을 없애고 하나의 공간으로 만들었다. 옛 주택들이 이어지는 골목에 갑자기 독특한 재질과 형상의 건물이 나와 쉽게 찾을 수 있다. 2층은 옛날 건물의 모습 그대로라 언밸런스하면서도 독특한 느낌을 준다.

④ 메이팜 4 メイパム 4

일본 전국 요괴 조형물 공모전의 응모 작품 477점을 전시한다. 귀엽고 독특한 요괴부터 프로 조형가의 무섭고 괴기스러운 요괴까지 각양각색의 소재를 가진 요괴들이 건물 안에 바글바글하다. 요괴가 친숙한 일본의 문화에 맞춰 생활 속 요괴를 실체화한 작품들도 눈에 띈다. 1층의 모노노케당(モノノケ堂)에서는 요괴 및 쇼도시마 관련 기념품을 비롯해 추억의 장난감부터 불량식품까지 판매한다.

⑤ 메이팜 5 メイパム 5

쇼도시마가 낳은 요괴 화가 야규 추베이(柳生忠平)가 그린 거대 요괴 천장화 '모노노케만다라'를 전시한다. 올라가는 입구부터 수많은 부적이 붙어 있어 금지된 공간에 들어가는 기분이다. 어둠 속에서 번뜩이는 수많은 눈과 마주치면 온몸에 으스스한 한기가 돌 정도다. 메인 전시물인 천장화 외에 화가의 작업실이 재현되어 있고, 1층에는 기념품점도 있다.

⑥ 시마메시야 島メシ家

메이팜 5 바로 옆에 위치한 음식점으로 쇼도시마와 세토우치해의 식재료를 활용한 델리 스타일의 일본 가정식 식당이다. 대표 메뉴는 매일 바뀌는 메뉴인 4품 델리(4品DELI, 1250엔~)로 반찬 4가지를 골라 먹을 수 있는 일본 가정식이다. 제철 채소와 해산물을 가지고 쇼도시마의 소금과 간장, 올리브오일을 사용해 요리를 만든다. 여러 종류의 반찬이 내부에 준비되어 있으니 먹고 싶은 반찬을 직접 고르면 된다. 그 외에 로스트비프덮밥과 카레 메뉴도 있다. 테이크아웃도 가능하다.

⊙ 11:00~14:00, 15:00~18:00

⑦ 카페 데 메이팜 café de MeiPAM

메이팜 1 바로 앞에 위치한 카페로 '미로의 마을'을 산책하다가 잠깐 휴식하기 좋은 곳이다. 추천 메뉴는 크림 브륄레(クレーム・ブリュレ, 500엔)와 커피(コーヒー, 350엔). 얇고 파삭한 캐러멜 토핑을 깨면 나오는 차가운 커스터드 크림과 쌉싸름한 커피의 조화가 좋다. 그 외에 오이리와 과자로 꾸민 앤젤소프트(エンジェルソフト, 400엔)도 판매한다. 내부에는 쇼도시마의 풍경을 찍은 사진을 비롯해 독자적인 시선으로 선택한 도서가 비치되어 있다. 작은 서점을 함께 운영해 커피 한 잔과 책을 보며 여유로운 시간을 보내기 좋다. 당일 앤젤 로드의 최대 간조 시간도 적혀져 있다.

⊙ 10:00~17:00(동절기 변동)

DAY TWO
08:00
신선하고 정갈한 일식 코스

시마카츠
島活

메이팜과 앤젤 로드 사이에 있는 일식집으로, 정갈한 코스 요리를 전문으로 한다. 실내에 바테이블이 있어 혼자 와서 먹어도 부담스럽지 않다. 2인 이상일 경우에는 별실도 있어 오붓하고 편안하게 먹을 수 있다.

일식 고급 코스를 비롯해 일품요리도 판매하며, 신선한 재료를 사용한 요리를 적당한 가격대에 먹을 수 있다. 추천 메뉴는 시마카츠코스(島活コース, 2200엔)로 회와 튀김이 조금씩 메인으로 나온다. 음식이 대부분 한번에 나와 코스라기보다는 세트의 느낌에 가깝다. 메인 외에 밥, 된장국, 일식 계란찜인 차왕무시, 채소절임, 두부, 디저트로 셔벗이 나온다. 같은 가격의 텐푸라코스(天婦羅コース)는 모둠튀김이 메인으로 나오고, 사시미코스(刺身コース)는 모둠회가 메인으로 나온다.

- 올리브버스 오우지마에(王子前) 하차 후 도보 1분, 메이팜에서 도보 5분
- 小豆郡土庄町甲267
- 11:00~14:30, 17:00~21:00 / 화요일 휴무
- 0879-62-3323

① 안쪽에 마련된 별실 공간. 아늑한 분위기에서 식사를 즐길 수 있다.
② 노란색 꽃 아래에 달린 것은 미니 오이로 꽃까지 다 먹을 수 있다.
③ 마지막으로 나오는 셔벗. 식사 후 따로 준다.
④ 생선회와 소라, 문어, 생선타다키가 메인으로 나오는 사시미코스

생선회와 더불어 소라, 생선 타다키, 모둠튀김이 메인으로 나오는 시마카츠코스가 추천 메뉴.

쇼도시마 정기 관광버스

쇼도시마는 올리브버스 노선과 시간을 잘 확인한다면 방문할 수 있는 곳은 적지만 충분히 여행할 수 있다. 다만, 일본어를 전혀 못 하거나 버스 이용에 어려움을 느낀다면 차라리 정기 관광버스를 고려해봐도 좋다. 쇼도시마행 페리 도착 시간에 맞춰 아침 일찍 출발해 쇼도시마의 관광지를 돌고, 앤젤 로드 앞이나 토노쇼항에서 오후 3시 30분경에 내려준다. 일본인 가이드가 함께 동승해 이동 시 관광지에 대한 설명을 일본어로 해준다. 관광지별로 관광 시간이 정해져 있는데, 숫자로 이해하기 쉽게 알려주니 꼭 지키자. 교통편만 포함된 가격으로 각 관광지의 입장권은 따로 구매해야 한다. 관광버스를 계산할 때 쵸시케이 원숭이 나라와 24개의 눈동자 영화 마을의 통합권을 판매하니 들어갈 예정이라면 미리 구매하자. 승차 7일 전까지는 인터넷으로 예약 가능하고, 7일 이내에 방문하는 경우에는 전화로 예약해야 한다.

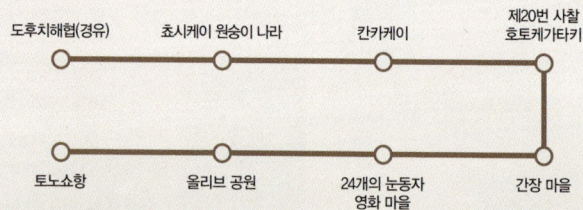

도후치해협(경유) — 쵸시케이 원숭이 나라 — 칸카케이 — 제20번 사찰 호토케가타키

토노쇼항 — 올리브 공원 — 24개의 눈동자 영화 마을 — 간장 마을

📍 매일 토노쇼항 관광 센터 오전 9시 45분 출발
⊙ 09:45~15:25
¥ 4100엔
☎ 0879-62-1203
🌐 shodoshima-kotu.com/service/shodoshima/shuttlebus.html

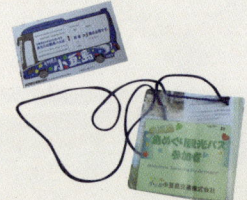

TIP
쇼도시마 정기 관광버스 기념품
관광버스를 이용하면 받을 수 있는 기념품.
각 관광지를 다 본 뒤 하나씩 건네준다.

하트 올리브잎 책갈피

노리츠쿠다니

올리브 핸드크림

도후치해협 土渕海峡

쵸시케이 원숭이 나라를 가는 길에 경유해 버스에서 잠깐 설명해 주는 곳. 기네스에 오른 세계에서 가장 좁은 해협이다. 2.5킬로미터의 해협으로 가장 좁은 부분은 폭이 9.93미터밖에 되지 않는다.

- 메이팜에서 도보 5분
- 小豆郡土庄町本町
- 0879-82-1775
- shodoshima.or.jp/?p=747

쵸시케이 원숭이 나라 銚子渓おさるの国

약 500마리의 일본 야생 원숭이가 사는 곳으로 이 곳 쵸시케이의 일본원숭이 무리는 카가와현의 천연기념물로 지정되었다. 도착하고 얼마 지나지 않아 몽키쇼(10:10, 12:10)를 시작하는데, 보고 싶은 사람만 보면 된다. 위쪽으로 올라가면 바로 여기저기 돌아다니는 원숭이들이 보인다. 먹이주기 체험(100엔)도 진행하는데, 동물 우리 같은 곳에 들어가서 바깥의 원숭이들에게 먹이를 준다. 먹이 바구니를 철망 근처에서 들고 있으면 바로 뺏기므로 조심하자. 언덕 위쪽에서는 밖에서 먹이를 줄 수 있다. 위쪽에 원숭이가 굉장히 많고, 다른 동물도 있어서 한 바퀴 돌아보기 편하다.

- 도후치해협에서 자동차 25분(대중교통 이용 어려움)
- 小豆郡土庄町肥土山字蛙子3387-10
- 08:10~17:00
- 380엔
- 0879-62-0768
- www.osaru-no-kuni.sakura.ne.jp

칸카케이 寒霞渓

쇼도시마에서 가장 높은 봉우리인 호시가죠산(星ヶ城山)이 있고, 일본 3대 아름다운 계곡 풍경 중 하나를 담당한다. 올리브버스로도 갈 수 있으나 노선이 주말에만 적은 횟수로 운행해 시간 맞추기가 쉽지 않다. 관광버스를 이용하면 정상에서 내려주고, 이곳에서 자유 식사 및 관광 후 이동한다. 기념품점 2층에 음식점이 있으며, 배가 고프지 않다면 1층의 푸드코트에서 간단하게 먹어도 좋다. 전망대에서는 쇼도시마와 세토우치해의 시원한 풍경을 볼 수 있다. 케이블카에서 보는 풍경 또한 전망대 못지않게 아름답다. 케이블카를 이용한다면 아래로 이동한 뒤 버스에 탑승하면 된다.

- 올리브버스 코운테이(紅雲亭) 하차 후 케이블카 탑승
- 小豆郡小豆島町神懸通乙327-1
- 케이블카 08:30~17:00(10/21~11/30 08:00~, 12/21~3/20 ~16:30)
- 케이블카 편도 810엔, 왕복 1470엔(우동 패스포트 할인)
- 0879-82-2171
- www.kankakei.co.jp

제20번 사찰 호토케가타키 第二十番札所 佛ヶ滝

칸카케이 근처에 있는 쇼도시마 88개소 사찰 중 하나. 절과 바위 표면이 한 몸을 이루고 있으며, 본당은 동굴 안에 있다. 난치병을 낫게 하고, 아이를 점지해주고, 인연을 맺게 해주는 곳으로 유명하다.

- 칸카케이 케이블카 코운테이(紅雲亭)에서 자동차 2분(대중교통 이용 어려움)
- 小豆郡小豆島町神懸通り乙44-3
- 0879-82-1061
- reijokai.com

간장 마을 醬の郷

쇼도시마의 간장 브랜드의 공장이 20채 이상 줄지어 있다. 관광지에 도착하면 가이드와 함께 동네를 한 바퀴 도는데, 검은색 벽이 이어지는 거리 곳곳에 진하고 구수한 간장 냄새가 배어 있다. 가이드의 설명이 끝나면 쿄호테이(京宝亭)라는 츠쿠다니 전문점이자 기념품점에 들른다. 다카마츠와 제품의 가격 차이가 크지는 않지만, 시식이 가능하다는 메리트가 있다.

🚶 마루킨 간장 기념관에서 도보 10분
📍 小豆郡小豆島町馬木~苗羽
☎ 0879-82-1775
🌐 shodoshima.or.jp/?p=760

24개의 눈동자 영화 마을 二十四の瞳映画村

일본의 오래된 옛날 영화 <24개의 눈동자>의 촬영장 세트를 개축해 만든 영화 마을이다. 전체적으로 옛날 일본 쇼와시대처럼 거리가 꾸며져 있으며 생각보다 넓다. 바다가 보이는 분교 세트장, 실제 영화관, 1950년대의 일본 영화의 영상과 사진을 소개하는 갤러리, 영화의 원작 소설로 츠보이 사카에(壺井栄) 문학관 등 볼거리가 워낙 많다. 곳곳에 각양각색의 기념품점을 비롯해 휴식 공간과 포토 스폿도 많이 배치되어 있다. 그래서 관광버스로 들르면 자유 시간이 부족한 편이다. 관광 후 돌아가는 길에는 <24개의 눈동자>의 배경이 된 실제 쇼도시마의 분교도 경유해 보여준다.

🚶 올리브버스 에이가무라(映画村)에서 하차 후 도보 1분
📍 小豆郡小豆島町田浦甲931
🕘 09:00~17:00(11월~08:30)
💴 750엔(우동 패스포트 할인)
☎ 0879-82-2455
🌐 24hitomi.or.jp/ko

SHOPPING

오늘의 수확물

쇼도시마의 올리브나 간장 관련 제품은 워낙 유명해 다카마츠에서도 쉽게 구할 수 있다.
다만, 나카부안의 상품처럼 직영가로 훨씬 저렴하게 구입하거나,
쇼도시마에서만 살 수 있는 고유의 제품도 있으니 잘 살펴보고 구매하자.

1. 나카부안 소면 なかぶ庵のそうめん

올리브생소면(オリーブ生素麺), 쇼도시마소면(小豆島そうめん), 올리브소면(オリーブそうめん). 쫄깃한 소면으로 유명한 나카부안에서 저렴한 공장 직영 가격으로 구입해두면 좋다.

2. 쇼도시마 맥주 小豆島の土地ビール

쇼도시마맥주(小豆島ビール)와 쇼도시마에서 난 재료로 만든 마메마메맥주(まめまめビール). 마메마메 맥주는 순서대로 쌀, 감귤, 모로미, 감귤과 고수씨앗이 사용되었고, 맥주 종류는 골든라이트에일, 페일에일, 드라이스타우트, 화이트에일이다.

3. 간장 사이다 醤油サイダー

갈색 사이다로 간장의 향과 살짝 짭짤함이 감도는 사이다로 미묘한 맛이다.

4. 올리브 사이다 オリーブサイダー

올리브 과즙이 1%밖에 들어가지 않아 사이다에 약간의 올리브향이 나는 정도다.

5. 마루킨 간장 マルキン醤油

마루킨 최고 인기 제품인 디럭스츠유(デラックスつゆ)와 마루킨 간장 기념관의 기념품점에서만 판매하는 쿠라노시즈쿠(蔵の雫).

6. 올리브 젤리 オリーブグミ

씹을수록 올리브맛이 나는 젤리로, 냄새가 이상하니 맡지 말고 먹을 것.

7. 야마상 간장 ヤマサン醤油

흑대두 간장(黒大豆しょうゆ)으로 일반 간장보다 진한 편이고, 음식에 색이 잘 물든다.

8. 야마로쿠 간장 ヤマロク醤油

깊고 부드러운 간장 츠루비시오(鶴醤). 두부, 회 등 음식에 바로 뿌려 먹는 간장이다.

오늘의 루트맵

※ 오늘의 루트는 다음의 교통편 시간에 맞춰져 있으며, 교통 시간이 없는 부분은 도보 및 자전거 이동이다. 교통편 시간은 2017년 11월 기준이며, 방문 전 페리 및 셔틀버스 시간표 확인은 필수이다.

다카마츠항 08:00 메기지마행 페리 탑승 → 메기지마 08:20 도착 → 메기지마 오니노야카타 후문 08:20 동굴행 셔틀버스 탑승 → 동굴 입구 09:05 오니노야카타행 셔틀버스 탑승 → 메기지마 10:20 오기지마행 페리 탑승 → 오기지마 10:40 도착 → 오기지마 17:00 다카시마항 페리 탑승 → 다카시마항 17:40 도착

- 시유지마카이운 www.city.takamatsu.kagawa.jp/2108.html
- 셔틀버스 oninoyakata.strikingly.com/#_8

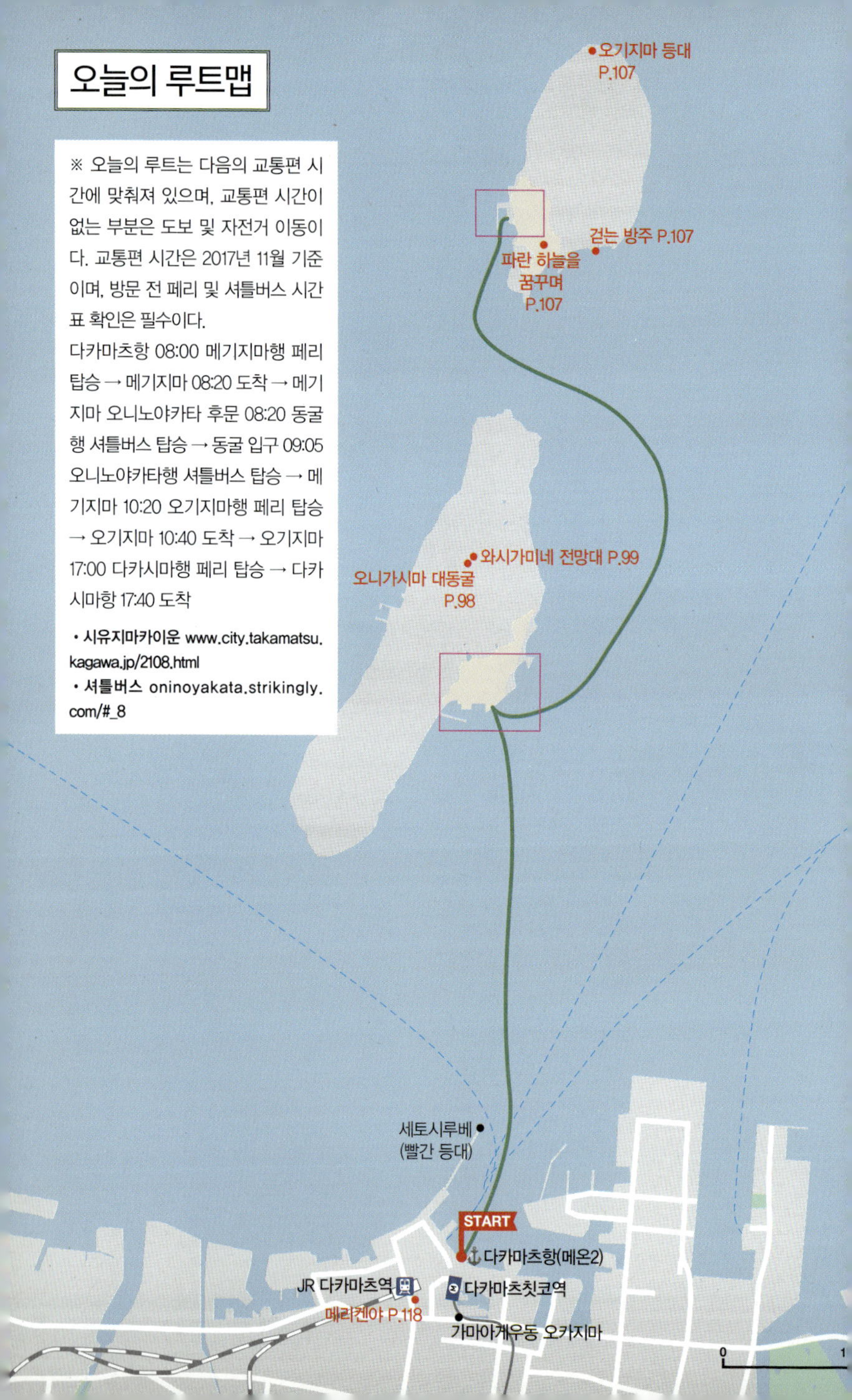

- 오기지마 등대 P.107
- 걷는 방주 P.107
- 파란 하늘을 꿈꾸며 P.107
- 와시가미네 전망대 P.99
- 오니가시마 대동굴 P.98
- 세토시루베 (빨간 등대)
- **START** 다카마츠항(메온2)
- JR 다카마츠역 / 메리켄야 P.118
- 다카마츠칫코역
- 가마아게우동 오카지마

DAY THREE
08:00
도깨비 섬, 메기지마 정상 찍기

오니가시마 대동굴
鬼ヶ島大洞窟

메기지마 한가운데 위치한 산속 동굴. 복숭아에서 태어난 모모타로가 개, 원숭이, 꿩 등과 함께 도깨비를 물리친 모모타로 전설의 배경 중 한 곳이다. 길이 400미터, 면적 4000제곱미터의 거대 규모로 1914년에 발견되었다. 기원전 100년경에 만들어진 것으로 추정된다. 이 동굴에 도깨비가 살았다고 전해져서 메기지마는 도깨비 섬이라고도 불린다. 동굴 안으로 들어가 현관을 거쳐 도깨비의 거실, 가운데 방, 보물창고, 기둥, 감옥 등을 돌아보는데 곳곳이 도깨비 조형물로 가득하다. 3000여 명의 카가와현 중학생이 만든 도깨비 얼굴은 세토우치 국제예술제에 출품된 작품으로 동굴 안과 그 주변에 전시되어 있다. 무서운 얼굴의 도깨비가 대부분이지만 귀여운 표정도 숨어 있다.

- 셔틀버스 하차 후 도보 1분
- 高松市女木町235
- 08:30~17:00 / 무휴
- 087-840-9055
- 500엔
- www.onigasima.jp

TIP
셔틀버스

오니노야카타에서 오니가시마 대동굴까지 이동하는 셔틀버스를 운행하는데, 왕복으로 구매한 경우 동굴 도착 후 35분 뒤 출발한다. 전망대까지 보기에는 시간이 부족한 편이라 동굴과 전망대의 시간 배분을 잘해야 한다.

- 항구 출발 08:20, 10:20, 12:20, 14:20, 16:20,
  동굴 출발 09:05, 11:05, 13:05, 15:05, 17:05
- 왕복 800엔, 편도 500엔

와시가미네 전망대
鷲ヶ峰展望台

📍 오니가시마 대동굴 바로 옆
📍 高松市女木町2633

동굴 위에 위치한 전망대로 두 가지 길로 갈 수 있다. 동굴을 둘러본 뒤 출구로 나와 옆으로 이어지는 완만하지만 돌아가는 산책로로 올라가서 전망을 보고, 동굴 입구 전에 나오는 가파른 계단으로 내려오는 것을 추천한다. 전망탑에 올라서면 세토우치해의 광대한 풍경을 360도로 감상할 수 있다. 바로 앞의 오기지마부터 다카시마 심볼 타워, 야시마 등 주변 섬의 경치가 볼만하다. 봄에는 정상 위의 벚꽃들이 만개해 벚꽃놀이 명소로도 알려져 있다.

DAY THREE
09:05
메기지마의 **상징**과 **야외** 작품 감상

오니노야카타
おにの館

메기지마의 관광안내소라 할 수 있다. 붉은 외관의 건물이 멀리서도 눈에 확 띈다. 안에는 도깨비 박물관을 비롯해 기념품점, 대합실, 식당(10:00~14:20), 자전거 대여, 셔틀버스 티켓 구입 등 각종 서비스를 담당한다. 도깨비 박물관은 무료로 구경할 수 있는데, 모모타로 영화도 상영하고 있다. 오니가시마 대동굴 셔틀버스가 시간이 안 맞아 이용하기 어렵다면 버스 왕복표와 같은 값인 전기자전거를 이용하면 좋다. 다카마츠 또는 오기지마행 페리 승선권은 건물 안이 아니라 뒷쪽의 컨테이너 시설에서 구입한다.

📍 메기지마 항구 바로 앞
🍴 高松市女木町15-22
🕐 08:00~17:20 / 무휴
📞 087-873-0728
🏠 oninoyakata.strikingly.com

TIP
메기지마의 심볼
오니노야카타 앞뒤로는 메기지마의 상징물 조형이 있다. 오니노야카타 바로 앞의 도깨비 등대(おにの灯台)는 메기지마의 현관으로 커다란 도깨비가 약 2미터의 등대를 도깨비방망이처럼 안고 바다를 지켜보고 있다. 뒷쪽의 모아이상(モアイ像)은 이스턴섬에서 넘어진 모아이상에 대한 복원 프로젝트 전 연구용으로 만든 시험작으로 프로젝트 완료 후 다카마츠시에 기증해 메기지마에 설치되었다.

테라스 윈드 스기우라 야스요시 杉浦康益
段々の風

약 400개의 도기 블록을 설치한 작품으로 계단식 밭이었던 곳에 만들어졌다. 작품과 마을, 바다가 함께 펼쳐지는 광활한 파노라마 풍경을 보여준다.

오니노야카타에서 도보 10분

갈매기 주차장 기무라 타카히토 木村崇人
カモメの駐車場

메기지마 곳곳에 있는 방파제와 오니노야카타 벽담 위 등에 설치된 갈매기 모양 작품으로 대략 300마리가 있다. 바람이 불면 일제히 방향이 바뀌어 바람의 흐름과 갈매기 무리의 습성을 시각화했다.

메기지마 항구 바로 앞(오니노야카타)

20세기의 회상 하게타카 훈죠 禿鷹墳上
20世紀の回想

그랜드피아노 위에 4개의 돛이 달린 작품이다. 세토우치 국제예술제 기간에는 대항해시대를 상징하는 돛이 펼쳐지고, 음악 소리가 난다고 한다.

모아이상 바로 옆

SPECIAL

메기지마의 주요 예술 작품

앞서 소개된 야외 작품 외에 시간 관계상 코스에 넣을 수 없었던 예술 작품을 소개한다. 모두 세토우치 국제예술제의 작품으로 오전 10시 40분부터 문을 연다. 각양각색의 예술 작품으로 시간에 여유가 있다면 들러보기를 권한다.

균형
均衡

`유쿠타케 하루미 行武治美`

만 개 이상의 거울유리를 연결해 만든 작품이다. 밖에서 들어오는 빛을 반사해 바람에 따라 흔들리는 모습이 환상적이다. 2개 공간으로 되어 있으며, 첫 번째 공간에서 유리의 벽을 따라 거닐고, 두 번째 공간에서는 2층에서 작품을 감상한다.

📍 오니노야카타에서 도보 5분
🕙 10:40~16:30
💴 300엔

부재의 존재
不在の存在

`레안드로 엘리히 Leandro Erlich`

시각적 장치를 사용한 2개의 작품이 전시되어 있다. 보이지 않는 존재를 보여주는 독특하고 재미있는 작품이다. 도서실과 간단한 식사와 음료를 파는 음식점을 함께 운영해 야외 작품을 관람하며 편안하게 쉬어가기에도 좋다. 작품은 사진 촬영 금지.

📍 균형에서 도보 5분
🕙 10:40~16:30
💴 300엔

메기지마 영화관
ISLAND THEATRE MEGI

`요도요 이치로 依田洋一朗`

📍 부재의 존재에서 도보 3분
🕐 10:40~16:30
💴 300엔

사용되지 않는 창고를 활용해 소규모 영화관으로 만들었다. 맨해튼의 오래된 영화관들이 사라져 가는 아쉬움에 예술가가 자신의 기억을 토대로 재현해 만든 작품. 벽면의 그림도 모두 예술가가 직접 그린 것이다. 10~20분 정도의 영화를 매일 상영한다.

메콘 女根 오타케 신로 大竹伸朗
휴교 중인 초등학교 안을 작품으로 탈바꿈시켰다. 학교 건물과 식물, 조형 작품이 한데 어우러져 키치한 풍경을 만들어낸다. 베네세 아트 사이트 나오시마가 관리하는 예술 작품으로, 부정기적으로 문을 여니 홈페이지에서 운영일을 꼭 확인하자.

📍 부재의 존재에서 도보 3분
🕐 홈페이지 확인
💴 510엔
🔗 benesse-artsite.jp/art/mecon.html

DAY THREE
00:00
고양이 섬, 오기지마의 현관문

오기지마의 영혼 하우메 플렌사 Jaume Plensa
男木島の魂

섬에 오는 관광객을 환영하는 항구의 반투명한 공간. 오기지마의 관광안내소라 할 수 있다. 지붕이 여러 나라의 문자로 이루어져 있으며, 물에 반사되는 모습이 아름답다. 건물 자체가 예술 작품으로 저녁에는 라이트업 된다. 스페인 출신 예술가 하우메 플렌사(Jaume Plensa)가 만든 것으로 한국 롯데월드타워 앞에도 같은 예술가의 작품이 있다. 페리 매표소와 자전거 대여점, 대합실을 겸하며 간단한 식사류와 기념품도 판매한다.

- 오기지마 항구 바로 앞
- 高松市男木町1986
- 06:30~17:00 / 무휴

전기자전거 대여

오기지마 등대와 걷는 방주 모두 방문하고 싶다면 이곳에서 전기자전거를 대여하자. 오르막도 쉽게 올라갈 수 있어 등대까지 가는 데 안성맞춤이다. 언덕이 많고 가드레일이 없는 곳도 있으니 안전해 유의하며 타자.

- 09:00~16:45
- 대여료 3시간 500엔, 1시간 연장마다 100엔 추가, 보증금 3000엔

📍 오기지마의 영혼 바로 옆
🍴 高松市男木町129
🕗 08:30~17:00 / 부정기 휴무

사자에메시 다이신마루
サザエめし 大進丸

오기지마의 영혼 바로 옆에 위치한 음식점. 인심 좋은 주인아저씨가 직접 잡은 신선한 소라와 문어를 이용해 음식을 만든다. 오기지마의 명물 소라밥 사자에메시(サザエめし, 400엔)가 대표 메뉴로, 간이 된 고슬밥에 쫄깃한 소라가 맛있다. 점심 이후에는 매진되는 일이 많다. 추천 메뉴는 문어 튀김인 타코노텐푸래(タコの天ぷら, 500엔)와 맥주 한 캔(300엔). 바삭한 튀김옷 안의 야들야들한 문어가 아주 맛있다. 맥주와 먹으면 느끼함도 가셔서 어느새 빈 그릇만 남아 있다. 항구 바로 앞에 있어 페리 시간이 남았을 때 들르기 좋다. 주인아저씨가 워낙 살가워서 주변을 거닐고 있으면 소라를 권하기도 하고, 막 요리한 음식을 맛보라며 주기도 한다.

① 주인아저씨가 서비스로 주신 문어의 난소. 속이 알갱이로 옹골차 독특하다. 한입 먹으면 입안에서 알알이 흩어지지만 맛 자체는 감자 같다.
② 부드럽고 고소해 맛있는 타코노텐푸라. 맥주는 기린이나 아사히 중 고를 수 있다.

DAY THREE
01:00
자전거 타고 섬 끝까지 떠나기

오기지마 등대
男木島灯台

오기지마를 대표하는 볼거리로 북쪽 끝에 위치한다. 수풀로 우거진 도로를 따라가는데, 워낙 사람들이 자주 다니지 않아 길이 으스스하다. 해안 낭떠러지에는 가드레일이 있지만, 다른 곳에는 안전장치가 잘 되어 있지 않아 안전에 유의해야 한다. 1895년에 세워졌으며 등대 전체가 화강암으로 만들어져 있다. 일본에 2개밖에 없는 도장하지 않은 등대 중 하나이다. 역사적, 문화재적 가치가 높아 일본 등대 50선에도 뽑혔다. 오기지마 등대 자료관에는 일본 전국의 등대와 해상보안청, 오기지마의 역사 등에 관한 자료가 전시되어 있다. 주변에는 캠프장이나 수선화 군락지 외에 바다와도 연결되어 있어 한 바퀴 둘러보기 좋다. 한적한 해변에 앉아 이리저리 바쁘게 오가는 배들을 바라보고 있으면 한없이 느긋해진다.

- 오기지마 북쪽 끝(오기지마의 영혼에서 도보 30분)
- 高松市男木町1062-3
- 오기지마 등대 자료관 일요일 09:00~16:30
- 087-821-7012

길 상태가 좋지는 않지만 길이 하나이고, 중간중간 안내판도 잘 되어 있어 길 잃을 염려는 없다.

파란 하늘을 꿈꾸며 레지나 실베일라 Regina Silveira
青空を夢見て

예술가가 섬을 방문했을 때 느꼈던 세토우치해의 푸른 하늘과 빛의 격렬한 감각을 모티브로 만든 작품. 오기지마 초등학교외 중학교에서 사용하는 체육관 겉면을 푸른 하늘과 구름의 자수를 놓은 듯한 모습으로 만들었다. 지금도 실제로 학생들이 사용하는 건물이어서 입장을 금지하고 있다.

📍 오기지마의 영혼에서 도보 5분

걷는 방주 야마구치 케이스케 山口啓介
歩く方舟

흰색과 푸른색 옷을 입은 4개의 산이 바다를 향해 걷는 모습의 예술 작품. 구약성서에 나오는 노아의 방주 에피소드에서 아이디어를 얻은 것이다. 바로 앞의 바다, 하늘과 완전히 동화되도록 흰색과 푸른색으로 색을 입혔다. 작품이 향하는 방향에는 후쿠시마가 있는데, 그곳이 재해에서 복구되기를 바라는 마음이 담겨 있다.

📍 오기지마의 영혼에서 도보 15분

DAY THREE
02:00
오기지마산 식재료로 만든 요리 맛보기

오기지마 도서관
男木島図書館

2016년 문을 연 오기지마의 유일한 도서관. 원래 인구 약 180명 남짓한 작은 섬인 오기지마에는 도서관이 없었지만, 가족과 함께 이 섬으로 이주한 후쿠이 준코(福井順子) 씨가 비영리 단체를 설립해 후원금을 모아 현지 주민들과 함께 만들었다. 오래된 고민가를 개조해 주민들의 손길이 안 닿은 곳이 없을 정도다. 현재는 도서관이자 쉼터의 기능을 하며 도서관 내에서 기념품과 음료(400~500엔)도 판매한다. 2017년에는 도서관 바로 앞의 공간인 '노인과 바다'에 작은 카페 & 바 오기케노히(オギケノヒ)도 문을 열었다. 오기지마에서 난 식재료를 사용해 먹거리를 만들어낸다. 오기지마산 식재료를 사용한 오늘의 카레(日替り男木島食材カレー, 700엔) 등을 맛보자.

📍 오기지마의 영혼에서 도보 5분
🍴 高松市男木町148-1
🕐 금~월요일 11:00~17:00, 오기케노히 금~월요일 10:30~15:00(음료 ~17:00)
🏠 ogijima-library.or.jp

도리마노우에
ドリマの上

살가운 부부가 운영하는 음식점으로 오기지마에서 키운 무농약, 무화학비료 채소를 사용한다. 사실 음식점보다는 숙소가 더 메인인 느낌으로 에어비앤비에서 예약할 수 있다. 런치(ランチ, 1500엔) 메뉴는 그때그때 재배한 농작물을 사용해 시즌에 따라 바뀌지만, 채식 위주의 음식 구성은 변하지 않는다. 런치를 주문하면 주인분이 재료와 음식에 대해 하나하나 설명해준다. 예약제이지만 간혹 다른 예약자가 있는 날이면 예약 없이도 맛볼 수 있다. 식사 외에도 주스, 셔벗 등의 음료도 판매하는데, 모두 직접 만든다. 작은 섬의 특성상 주말에 운영한다고는 하지만 부정기적으로 문을 닫는 경우가 많다. 꼭 방문하고 싶다면 사전에 예약해두는 편이 안심이다.

과일 아케비의 속을 파내 만든 셔벗
(アケビシャーベット, 800엔)

런치 간판이 보인다면 식사가 가능한 것

- 오기지마의 영혼에서 도보 5분
- 高松市男木町1894
- 토·일요일 11:30~17:00, 12~1월 예약제 / 부정기 휴무
- 090-4332-7671
- jyouko.jimdo.com

DAY THREE
03:00
오래된 골목, 고양이와 벽화의 조화

골목 벽화 프로젝트 왈라레이
路地壁画プロジェクトー wallalley

`마카베 리쿠지 眞壁陸二`

오기지마의 골목길을 자연스럽게 꾸미고 있는 벽화 작품으로, 한 곳이 아닌 골목 이곳저곳에서 발견할 수 있다. 이 프로젝트의 이름인 'wallalley'는 벽을 뜻하는 'wall'과 골목을 뜻하는 'alley'를 합친 단어이다. 섬에서 모은 폐자재와 폐선 등으로 만들었다. 벽면에 나무의 실루엣을 넣고 톡톡 튀는 색으로 꾸며 보는 사람의 마음까지 경쾌하게 만든다. 섬 골목을 장식하는 멋진 벽화가 어슬렁어슬렁 돌아다니는 고양이들과 만나 재미있는 풍경을 만들어낸다. 벽화를 찾아 골목을 돌아다니고, 고양이들과 놀다 보면 시간이 훌쩍 지나간다.

📍 오기지마 중심부
✈ 高松市男木町

예술 작품 없이 민가만 이어지는 골목 앞에는
출입 금지를 알리는 안내판이 있다.

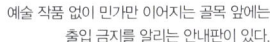

벚꽃잎 모양의 귀를 가진 고양이, 사쿠라네코

오기지마에서는 고양이 수가 더 이상 늘어나지 않게 하기위한 '사쿠라네코 TNR'이 시행되고 있다. TNR은 Trap(포획), Neuter(중성화), Return(방생)의 약자인데, 이곳에서는 포획한 고양이를 중성화시킬 때 귀 끝을 V자 모양으로 잘라둔다. 이렇게 중성화 수술을 마쳐 벚꽃잎 모양 귀를 가지게 된 고양이를 벚꽃 고양이를 의미하는 '사쿠라네코'라 부른다. 이 이름에는 벚꽃처럼 모두에게 사랑받는 고양이가 되기를 바라는 마음이 담겨 있다.

111

DAY THREE
08:00
어르신을 위한 보행기의 새로운 변신

온바 팩토리 　온바 팩토리 オンバ・ファクトリー
オンバ・ファクトリー

온바는 어르신들이 사용하는 보행기(유모차)를 뜻하는 말로, 좁은 골목과 언덕이 많은 오기지마에서는 어르신들의 필수품이다. 이 온바를 주문 제작하는 예술 공방이 바로 온바 팩토리다. 정원과 건물 여기저기에 각양각색의 커스텀 온바가 놓여 있다. 입장료를 내고 내부로 들어가면 완성된 온바와 온바 주인이 함께 찍은 사진과 실제 주문서가 전시되어 있다. 섬 주민들과의 관계를 다져나가며 작품을 제작하는 이 활동은 지금도 계속 이어지고 있다.

전시장 바로 건너편에 있는 온바 카페에서는 매일 손수 만든 케이크나 아이스크림 등의 간식(400엔)과 음료(500엔)를 판매한다. 이외에도 온바 팩토리에서 제작한 온바나 설계도, 주민들과 이곳을 만들어 가던 당시의 사진 등이 이곳에도 전시되어 있다. 오래된 민가를 개조한 곳이라 일본인 가정집에 온 듯 따뜻하고 편안한 분위기다. 온바 팩토리 관련 기념품도 판매하니 천천히 내부를 구경하자.

- 오기지마의 영혼에서 도보 5분
- 高松市男木町216
- 11:00~16:30, 카페 토·일요일 11:00~16:00
- 300엔
- blog.livedoor.jp/onbafactory

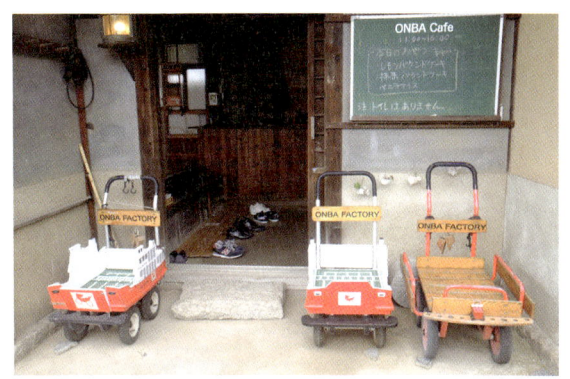

자두소다(すももソーダ)와 녹차파운드케이크(抹茶パウンドケーキ). 온바 모양의 파운드케이크 플레이팅이 귀엽다.

DAY THREE
09:00
오기지마 언덕 위의 푸른 경치

도요타마히메진자
豊玉姫神社

📍 오기지마의 영혼에서 도보 15분
📍 高松市男木町1903

일본 고사기(古事記)에 등장하는 일본 해신의 딸이자 순산의 신으로 널리 알려진 도요타마히메를 모시는 곳이다. 특히 이 신사의 신구 '고야스가이(子安具)'에서 술을 마시면 무사히 출산할 수 있다고 전해진다. 항구 앞의 거대한 도리이를 지나 참배로를 따라 오르면 이곳 신사에 도착한다. 섬에서 가장 높은 곳에 위치해 계단을 오르다 뒤돌아보면 오기지마의 아름다운 절경과 만날 수 있다. 신사보다는 뷰포인트로서 관광객이 많이 방문한다. 게다가 신사 주변으로 항상 고양이들이 상주하고 있어 고양이와 놀며 즐거운 시간을 보내기에도 좋다.

오기노토리코 オギノトリコ

도요타마히메진자 바로 아래쪽에 위치한다. 오기지마 주민들의 사진을 전시하는 갤러리로 세토우치 국제예술제 기간에 간단한 음식점을 겸해 정식으로 문을 연다. 이곳의 사진을 촬영한 사진가 칸베 시호(神戸志保) 씨는 세토우치 국제예술제 기간 이외에는 부재중이다. 하지만 오기지마 주민들과 함께 만들고 운영하는 공간이라 주변에서 카메라를 들고 서성이다 친절한 주민분과 우연히 마주친다면 구경시켜주시기도 한다. 섬 주민들의 따뜻한 미소와 이 공간의 제작 과정이 전시된 의미 있는 장소다.

- 도요타마히메진자에서 도보 2분
- 高松市男木町1909
- oginotoriko.main.jp

DAY THREE
09:00
골목 구석구석 예술 작품 감상

방 안의 방 오이와 오스칼 大岩オスカール
部屋の中の部屋

평범한 고민가에 들어가서 방문을 열면 90도로 회전된 방이 나타난다. 본래 바닥이어야 하는 면에 도코노마가 있고, 천장을 올려다보면 벽에 있어야 할 창이 있는 기이한 공간이다. 보통 가로로 세워져야 하는 장지가 세로로 놓여 있다. 장지에 그려진 그림을 자세히 보면 오기지마를 모티브로 그린 작품이라는 것을 알 수 있다.

- 오기지마의 영혼에서 도보 10분
- 高松市男木町1752
- 09:30~16:15 / 부정기 휴무
- 300엔

기억의 보틀 쿠리 마유미 栗真由美
記憶のボトル

섬 주민들의 추억의 물건을 플라스틱병 안에 넣고, 작은 전구를 넣어 빛을 밝힌 작품이다. 주민들의 작은 기억들이 모여 하나의 거대한 작품을 만들어냈다. 아름다움도 아름다움이지만 병 안에 담긴 추억의 물건들을 살펴보는 재미도 있다.

- 방 안의 방에서 도보 1분
- 高松市男木町1697
- 09:30~16:15 / 부정기 휴무
- 300엔

아키노리움 〔마츠모토 아키노리 松本秋則〕
アキノリウム

2층 건물에 대나무로 만든 사운드 오브제를 설치해 소리와 오브제 그림자의 움직임 등을 보며 차분한 시간을 갖기 좋다. 1층은 '그림자 놀이 전시회장 Sound Theater'로 자동으로 연주되는 사운드 오브제 그림자의 움직임을 소리와 함께 감상한다. 2층 '사운드 오브젝트 저택'에서는 지붕 아래와 바닥에 있는 여러 사운드 오브제의 실제 움직임과 입체적인 음향을 눈앞에서 체감할 수 있다.

- 📍 기억의 보틀에서 도보 1분
- 🍴 高松市男木町1886
- 🕘 11:00~16:30 / 부정기 휴무
- ¥ 300엔

칼레이도스코프 블랙 & 화이트 〔카와시마 타케시와 드림 프렌즈 川島猛とドリームフレンズ〕
カレードスコープ ブラック&ホワイト

오랜 시간 그려온 인체 크로키를 베이스로 '사람의 혼돈'을 표현한 작품을 시트에 프린트해서 바닥과 벽, 천장 등 건물 내부에 모조리 붙여 표현했다. 흰색과 검은색 무늬로 가득 찬 방에서 불규칙한 문양들을 가만히 보고 있으면 역동성을 느낄 수 있다. 플래시 촬영은 금지되어 있다.

- 📍 아키노리움에서 도보 1분
- 🍴 高松市男木町1896
- 🕘 11:00~16:30 / 부정기 휴무
- ¥ 300엔

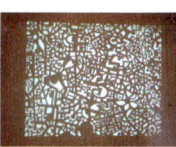

자전-공전 自転-公転 린 텐먀오 林天苗

오래된 일회용품과 도구 등 기능을 잃은 물건들을 모아 골격을 잡아 조립해 추상적인 형태로 만들었다. 새로운 색을 입히고, 오브제에 모터를 달아 물건이 움직이도록 만들었다.

- 📍 오기지마 중심부
- 🍴 高松市男木町1896
- 🕘 11:00~16:30 / 부정기 휴무
- ¥ 300엔

다카마츠항 근처에서 **저녁 우동**

메리켄야
めりけんや

셀프서비스식 우동 전문점으로, 이른 아침부터 저녁까지 영업해 항구나 고토덴, JR 등을 이용하는 날 방문하기 좋다. 위치가 워낙 좋아 항상 사람이 많은 편이지만, 회전율이 빨라 금방 자리가 난다. 사누키우동을 만드는 만큼 기본 재료인 밀가루는 카가와현산을, 소금은 세토우치해산을 사용한다. 물도 특별히 신경을 써 밀가루가 잘 흡수한다는 연수를 사용한다. 적당한 쫄깃함과 부드러움이 있는 우동이다. 특별히 대표 메뉴가 있다기보다는 전체적으로 맛이 평준화되어 있어서 좋아하는 우동과 사이드 메뉴를 시키면 된다. 셀프서비스식답게 들어가서 우동을 주문하고 곁들여 먹을 것을 골라 계산한 뒤 식사 후에는 퇴식구에 가져다 두면 된다.

- 다카마츠항에서 도보 10분
- 高松市西の丸町6-20
- 07:00~20:00 / 무휴
- 087-811-6358
- www.merikenya.com

테이블에 있는 양념은 차례대로 시치미, 튀김 소스, 쇼유우동에 뿌려 먹는 간장소스이다.

❶

① 아무래도 저녁의 인기 메뉴는 든든한 니쿠우동(肉うどん, 소 430엔). 옆에는 달콤짭짤한 소스가 뿌려진 닭튀김 토리텐 (とり天, 180엔)
② 안쪽 주방은 면을 삶고, 헹구고, 그릇에 담으며 쉴 새 없이 분주하다.

TIP

가마아게우동 오카지마 釜あげうどん 岡じま

다카마츠항 근처에 위치한 셀프서비스식의 가마아게우동 전문점. 낮까지만 영업해 저녁에 방문할 수는 없지만, 섬에서 일찍 돌아오거나 귀국 때 점심식사 후 공항으로 이동한다면 들르기 좋다.

- 📍 다카마츠항에서 도보 15분
- 🗺 高松市寿町1-4-3
- 🕐 10:00~15:00
- ☎ 087-813-3918
- 🏠 www.udon-okajima.com

가마아게우동(釜揚げうどん, 소 320엔)과 멘치카츠(メンチカツ, 110엔)

세토우치 국제예술제
瀬戸内国際芸術祭

세토우치 국제예술제는 3년마다 세토우치해의 섬을 무대로 개최되는 현대미술의 축제이다. 보통 봄, 여름, 가을 시즌제로 운영하며 이 기간에는 관광객이 배로 증가한다. 예술제가 열리는 세토우치해는 일본 혼슈, 시코쿠, 큐슈에 둘러싸인 내해이다. 짙은 바다 위 섬마다 고유의 문화를 보존하고, 아름다운 자연이 살아 숨 쉬는 곳으로 일본 최초의 국립공원으로 지정되기도 했다. 11개의 현이 해안선을 따라 둘러싸고 있어 옛날부터 해상교통의 동맥으로 새로운 문화를 각지로 전달해왔다.

하지만 1960년대 이후 급격한 경제 성장으로 인해 대규모 산업 개발이 이루어지면서, 아름다운 섬 곳곳에 대규모 공장들이 생겨나기 시작했고, 그곳에서 나오는 심각한 오염 물질로 인해 환경오염을 초래했다. 또한 젊은 층이 도시로 몰려들면서 인구 감소로 인한 과소화와 남은 주민들의 고령화로 인해 활력을 잃어 가고 있던 실정이다.

이에 '바다의 복권(復權)'을 목표로 주민과 관광객의 교류를 통해 세토우치해 섬들의 활력을 되찾고, 섬의 문화와 자연을 접목한 현대미술로 세토우치해의 매력을 퍼트려 전 세계의 '희망의 바다'가 되기를 바라는 마음으로 국제예술제를 개최하게 되었다.

이러한 국제예술제의 아이디어는 '베네세'라는 기업의 주도로 시작되었다. 베네세는 세토우치해 건너편 오카야마(岡山)라는 도시를 기반으로 통신 교육, 출판 등의 사업을 하는 기업이다. 이 기업의 선한 아이디어가 굵직한 예술가들의 참여를 이끈 것이다.

기업의 주도로 주민과 정부가 힘을 합쳐 만들어 낸 이 예술제의 중심에는 섬과 주민이 있었기에 성공할 수 있었다. 예술제라고는 하지만 예술은 섬의 다양한 매력을 깊이 있게 느끼고 지역 활성화를 돕는 매개체로 작동한다. 예술제의 포스터만 봐도 어디에도 유명 예술가의 이름이나 대표 예술 작품이 나타나 있지 않다.

예술 작품 또한 화려한 미술관에서만 작품을 전시하는 것이 아니다. 섬의 고민가나 폐공장을 이용해 만든 작품은 섬의 역사를 포용하며, 섬의 풍경을 해치지 않도록 설계하고, 섬의 풍경과 소리를 독특한 시선으로 표현하고 있다. 섬을 깊이 있게 느낄 수 있는 작품들이 대부분인 것이다. 큰 규모와 화려함보다는 풍경 속에 숨어 있거나 작은 집 안에 전시해 그곳에 머물며 정적인 시간을 보내도록 만들어져 있다. 단순한 작품 감상으로

끝나지 않고 그 섬이 가진 역사, 문화, 생활 등을 모두 느끼면서 체험할 수 있어, 도시에 있는 미술관과는 다른 느낌을 준다.

예술 작품 운영에는 섬 주민들이 직접 참여하고 있다. 데시마의 시마키친의 경우 건물 자체가 예술 작품인 레스토랑인데, 섬에 사는 어머님들이 직접 요리를 해주신다. 나오시마, 쇼도시마에 비해 상대적으로 방문객이 적은 섬의 경우에는 이렇게 외진 곳에 사람이 찾아올까 싶은 작품에도 어김없이 주민분이 접수처의 자리를 지키고 있다. 한적한 섬에서 길을 걷다 만나는 주민들도 친근하게 말을 건다. 주민들이 말해주는 섬과 작품에 대한 설명을 듣고 있으

면 그들이 섬을 사랑하고, 작품에 자부심을 갖고 운영하는 것을 느낄 수 있다. 아름다운 섬과 예술 작품의 기억을 더욱 따스하게 만드는 것이 바로 이곳의 주민들이 아닐까 싶다.

지금까지의 세토우치 국제예술제

2010
기간 7/19~10/31 총 105일
개최지 나오시마, 데시마, 메기지마, 오기지마, 쇼도시마, 오시마, 이누지마, 다카마츠항 총 8곳

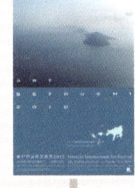

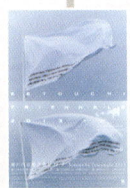

2013
기간 3/20~4/21, 7/20~9/1, 10/5~11/4 총 108일
개최지 나오시마, 데시마, 메기지마, 오기지마, 쇼도시마, 오시마, 이누지마, 다카마츠항, 우노항, 샤미지마(봄), 혼지마(가을), 다카미시마(가을), 아와시마(가을) 총 13곳

2016
기간 3/20~4/17, 7/18~9/4, 10/8~11/6 총 108일
개최지 나오시마, 데시마, 메기지마, 오기지마, 쇼도시마, 오시마, 이누지마, 다카마츠항, 우노항, 샤미지마(봄), 혼지마(가을), 다카미시마(가을), 아와시마(가을), 이부키지마(가을) 총 14곳

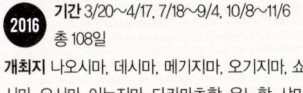

> **TIP**
> **작품 운영일을 꼭 확인할 것!**
> 국제예술제 기간이 끝난 뒤에도 일부 작품들은 감상이 가능하다. 하지만 보수 공사 및 운영 요일에 따라 볼 수 없는 작품들도 있으니 꼭 보고 싶은 작품들은 홈페이지에서 운영일을 확인하자. 홈페이지와는 다르게 부정기로 문을 닫는 곳도 있으니 도착 후 관광안내소에서 지도를 받으며, 오늘 운영하지 않는 곳을 체크해달라고 이야기 하는 것이 가장 확실하다.
>
> • 세토우치 국제예술제
> setouchi-artfest.jp/ko
> • 베네세 아트 사이트 나오시마
> benesse-artsite.jp

SHOPPING

오늘의 수확물

DAY THREE 루트를 따라 둘러본 메기지마와 오기지마를 비롯해
바로 뒤로 이어지는 DAY PLUS에서 소개된 다카마츠 주변 지역(나오시마, 데시마,
야시마, 고켄산, 고토히라)에서 구입한 기념품도 페이지상 함께 소개한다.

1. 도깨비 아이 스트랩
おにの子ストラップ

메기지마의 오니노야카타에서 판매하는 기념품. 도깨비 인형이 달린 스트랩이다.

3. 메온 스트랩
めおんストラップ

메기지마와 오기지마를 오갈 때 타게 되는 페리 메온 (めおん2)의 모습 그대로 만든 스트랩. 온바 카페의 테이블에도 장식되어 있다. 오기지마의 영혼에서 판매한다.

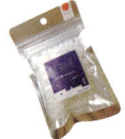

3. 나오시마의 별
直島の星

나오시마 천일염을 사용해 만든 소금맛의 별사탕이다. 별사탕인지라 특별한 맛은 아니고 달달짭짤한 예상되는 맛 그대로다. 바다의 역 나오시마에서 판매한다.

4. 이치고야 딸기잼 いちご家いちごジャム

데시마는 딸기 산지로 유명한데, 그런 데시마에 위치한 딸기 전문점 이치고야의 딸기잼. 병을 가득 채운 딸기가 그대로 보인다.

5. 붉은 온바
赤オンパ

온바 카페에서 판매하는 기념품으로 붉은색 온바 장식품이다. 나무를 깎아 만든 수공예품이다.

6. 큐망
灸まん

곤피라 명물 뜸 모양 만주로 안에 달달하고 부드러운 하얀 팥 앙금이 들어 있어 차와 함께 먹으면 맛있다. 고토히라는 물론이고 다카마츠의 기념품점, 공항에서도 구입할 수 있다.

7. 데시마 천일염
Teshima Solar salt

포장이 예쁜 데시마산 천일염 봉지에 든 소금이 안에 담겨 있다. 세토우치해에서 난 소금이 워낙 유명해 방문한 섬에서 소금을 기념품으로 사는 것도 좋다. 하지만 섬세한 미각의 소유자가 아닌 이상 맛의 차이는 못 느낄 확률이 크다.

8. 호박 스트랩
かぼちゃのストラップ

쿠사마 야요이의 작품 노란 호박 모양의 스트랩으로 작지만 가격대가 높아 구입이 망설여지는 기념품이다. 쿠사마 야요이의 작품을 좋아하거나 귀국 후에도 계속 생각날 것 같다면 구입하는 편이 좋다.

오래된 거리와
현대미술의 조화

나오시마 直島

———

예술의 섬답게 한국인에게는 지역명보다도 쿠사마 야요이의 '노란 호박'이 있는 곳으로 유명하다. 에도시대부터 해상 교통의 요지로 번성했으며, 옛날 번영했던 당시가 떠오르는 옛거리와 풍요로운 자연 속에서 예술이 조화를 이루고 있다. 세토우치 천일염의 산지 중 한 곳이다.

HOW TO GO

다카마츠항에서 페리 또는 고속정을 이용하거나 데시마에서 나오시마로 갈 수 있다. 페리는 이동 시간은 길지만 페리 안에서 식사가 가능하고, 비용도 저렴하다. 반면, 고속정은 빠르지만 비용도 비싸고 좌석과 운항 편수가 적다는 장단점이 있다.

페리는 다카마츠항 왼쪽의 1~2번 승선장에서 출발하는데, 가장 많은 사람이 이용하는 미야노우라항(宮浦港)으로 매일 5편이 오간다. 고속정은 다카마츠항 오른쪽의 3~4번 승강장에서 출발한다. 미야노우라항까지는 3~11월 중의 금~일요일에는 하루 4편이 운항하지만, 그 외에는 하루 1편만 운항한다. 미야노우라항에서 데시마 카라토항(唐櫃港)을 오가는 고속정은 하루 2편 운항하는데, 3~11월에는 화요일, 12~2월에는 화~목요일에 운휴이다. 게다가 데시마의 데시마 미술관이 휴무인 경우에도 운항하지 않는다.

다카마츠항에서 나오시마 이에 프로젝트 근처 혼무라항(本村港)을 경유해 데시마 카라토항까지 오가는 고속정도 있다. 나오시마 경유편은 3~11월 화요일에는 운휴이며, 하루 편도 1회, 토~일요일에는 왕복 1회 운행한다. 12~2월에는 토~월요일 왕복 1회씩 운항한다.

배편의 경우, 시기에 따라 운항 스케줄에 변동이 있으니 출발 전 시간을 꼭 확인하자.

운항 스케줄 setouchi-artfest.jp/ko/access

다카마츠항 高松港 — 페리 50분(520엔) / 고속정 25~30분(1220엔) — **나오시마** — 고속정 20~22분(620엔) — **데시마 이에우라항 家浦港**

HOW TO TRAVEL

나오시마에 도착하면 바다의 역 '나오시마'에 들러 나오시마 안내도를 얻는다. 각 지역의 상세도, 작품, 음식점은 물론이고 버스와 셔틀버스 시간표까지 한글로 나와 있어 아주 유용하다. 주로 미야노우라, 혼무라, 베네세 하우스 뮤지엄 주변의 세 지역을 돌아보는데 지역 간 이동은 시영버스를 이용하고, 지역 내에서는 도보로 돌아다니면 된다. 버스 요금은 100엔이며 내릴 때 낸다. 남쪽에 분포한 미술관은 서로 떨어져 있으니 무료 셔틀버스를 이용하거나, 걷는 것을 좋아한다면 오르막을 감안하며 산책해보자. 무료 셔틀버스를 타고 치추 미술관과 이우환 미술관을 구경한 뒤 베네세 하우스 뮤지엄부터 걸어서 환승 정류장까지 가는 방법을 추천한다. 버스 시간에 구애받고 싶지 않다면 자전거를 대여하는 방법도 있다. 바다의 역 '나오시마'와 그 주변에 대여점이 많다. 보통 하루 대여료로 일반 자전거는 300~500엔 선이며, 전기자전거는 1000~1500엔 선이다. 다만, 베네세 하우스 뮤지엄 주변은 비수기에만 자전거 통행이 가능하다. 여행 시 배편과 버스, 미술관 운영 시간을 항시 체크하며 다녀야 한다.

① 나오시마 시영버스
② 베네세 하우스 무료 셔틀버스

DAY PLUS

나오시마의 인기 명소

바다의 역 나오시마 사나 SANAA
海の駅「なおしま」

나오시마의 현관문으로 단층 구조로 투명한 건물은 개방적이고 상쾌한 느낌을 준다. 프리츠커상 수상자인 유명 건축 유닛 사나(SANAA)의 세지마 카즈요(西沢立衛)와 니시자와 류에(西沢立衛)가 설계한 작품이다. 이곳은 나오시마 여행의 길잡이가 되어주는 관광안내소로, 배편 매표소를 비롯해 기념품점, 카페, 자전거 대여, 물품 보관 등 여행에 필요한 대부분의 서비스가 이루어진다. 특히 카페와 기념품점이 함께 있어 배 시간이 남을 때 이용하기 좋다. 관광객이 워낙 많은 곳인지라 식사류는 점심시간 이후에는 금방 품절된다. 버스정류장도 건물 바로 옆에 붙어 있다. 혼무라(本村)나 무료 셔틀버스 환승 정류장인 츠츠지쇼(つつじ荘)로 가려면 2번 정류장에서 시영버스에 탑승하면 된다.

- 미야노우라항 바로 앞
- 香川郡直島町2249-40
- 매표소 05:30~20:30, 관광안내소 08:30~18:00, 기념품점 09:00~18:00, 카페 10:00~19:00(12~2월 ~18:00) / 무휴
- 087-892-2299
- ougiya-naoshima.jp

① 음식을 주문하려면 자동판매기로 메뉴를 고른 뒤 카페 카운터에 내면 된다.
② 쿠크다스 같은 콘 안에 진하고 고소한 우유 아이스크림을 담아주는 프리미엄소프트크림크레미아(プレミアムソフトクリームクレミア, 550엔)

바다의 역 '나오시마' 안에도 대합실이 있지만, 주변으로 넓은 잔디밭이 펼쳐져 있어 멋진 풍경을 보며 여유롭게 시간을 보내기 좋다.

빨간 호박   쿠사마 야요이 草間彌生
赤かぼちゃ

미야노우라항 끝에서 존재감을 표출하는 예술 작품. 쿠사마 야요이는 이 작품에 대해 "우주의 끝까지 가서 찾아온 태양의 '붉은빛'이 나오시마 바닷속에서 호박으로 변신했다"라고 말한다. 구멍이 뚫려 있어 안으로 들어갈 수 있는데, 색색의 조명이 내부를 밝힌다.

📍 미야노우라항 바로 앞

분라쿠 푸펫   주제 데 기마랑스 Jose de Guimaraes
BUNRAKU PUPPET

나오시마의 여성들이 연기하는 고전 인형극 '분라쿠'에서 인형들의 움직임과 기모노 자락에서 영감을 얻어 입체화한 작품이다. 푸른 잔디 위의 파란 작품이 밤이 되면 형형색색의 불을 밝혀 전혀 다른 느낌을 선사한다.

📍 바다의 역 '나오시마'에서 도보 3분

나오시마 파빌리온   후지모토 소스케 藤本壯介
直島パヴィリオン

미야노우라항 주변의 또 다른 예술 작품으로 27개의 섬으로 구성된 나오시마의 '28번째 섬'이라는 콘셉트로 만들어졌다. 250여 개의 스테인리스 망으로 만들어진 섬 안으로 들어갈 수 있다. 낮에 보는 모습과 라이트업 되었을 때의 느낌이 꽤 다르다.

📍 미야노우라항에서 도보 3분

'소년' 군 「少年」くん
나오시마의 풍경에 그린 첫 작품. 예술을 좋아하는 방문가로서 나오시마에 경의를 담아 만들었다.

📍 잇쵸바(いっちょば)

혼무라 털실 아트
本村の毛糸アート

이시카와 카즈하루 いしかわかずはる

나오시마의 혼무라 곳곳에는 마치 처음부터 그곳에 있던 것처럼 벽을 장식하고 있는 작품들이 있다. 바로 털실로 그림을 그리는 선의 화가, 이시카와 카즈하루(いしかわかずはる)의 작품이다. 2006년 나오시마 측으로부터 초청받아 '소년' 군을 시작으로 작품을 만들기 시작했다. 그는 펜과 노트를 가지고 다니며 마음에 든 일상의 풍경과 소재 등을 그 장소, 그 시간에 바로 그려두고, 캔버스나 유리, 벽, 창문 등 새로운 곳에 털실을 이용해 표현한다. 그래서인지 혼무라에 자리 잡은 그의 작품들은 고민가 벽의 오래된 색과 털실의 물성에서 오는 따스함, 친근한 그림이 어우러지면서 그 장소에 자연스럽게 녹아든다. 그는 이렇게 다양한 장소에 가서 그 장소에서 얻은 소재로 작품을 만들어가는 활동을 '선의 여행'이라 이름 붙였다. 자신이 만들어낸 선이 세대와 국경을 넘어 사람들의 마음을 연결시키는 것이 활동의 목표라고 한다.

📍 시영버스 노쿄마에(農協前) 하차
🏠 香川郡直島町本村
🌐 www.geocities.jp/wee_alive/naoshimap2013.html

'아, 응'의 '아' 「あ、うん」の「あ」の方
혼무라 메인 도로에서 남쪽으로 꺾이는 입구 지점에 그리고 싶던 차, 오래된 주점 벽에 이야기하는 모습의 사람을 그렸다.

📍 마츠시마 주점(松島酒店)

'아, 응'의 '응' 「あ、うん」の「うん」の方
이야기하는 모습의 사람을 그렸다. 꼭 이곳에 작품을 그리고 싶었기에 주인분께 바로 허락을 받아냈는데 중요 문화재급으로 오래된 곳이어서 놀랐다.

📍 사카이야(堺屋)

'치로' 그림 「ちろ」図
민박집의 마스코트이자 의욕 제로의 하얀 고양이 '치로'의 모습. 그림의 주인공은 옆의 나무를 스크래처로 사용한다.

📍 아버지의 바다(おやじの海)

'나른한 고양이' 그림 「くたりねこ」図
작품 장소를 물색하기 위해 혼무라를 어슬렁거리다 우연히 만난 사람들과 이야기를 나누니 '그럼, 여기에 만들면 되잖아'라고 해서 바로 결정해버렸다. '냐오시마'라는 고양이 카페를 만들 정도로 고양이를 좋아하는 '아버지의 바다' 주인 분이었기에 고민 없이 고양이 그림으로 결정했다.

📍 아버지의 바다(おやじの海) & 냐오시마(にゃお島)

'빙 둘러앉아 담소' 그림 「わになって談笑」図
웃음과 대화가 있는 곳이 사람들이 모이는 장소이기에 여러 명을 그렸다.

📍 이시이 상점 야도가리(石井商店ヤドカリ)

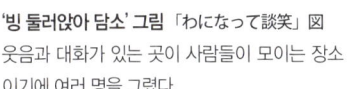

'봄의 잎사귀' 「はるのは」
끊임없이 잎을 펼치며 살아가려 애를 쓰는 그 모습에서 마음 따뜻한 미소가 느껴진다.

📍 고우다 씨의 자택(合田さん宅)

① SANNA가 설계한 나오시마 터미널(直島ターミナル). 항구 대합실이지만 현재는 거의 자전거 주차장으로 사용된다.
② 나오시마의 지형과 특성을 표현한 외관과 자연 에너지를 활용한 건축물인 나오시마 홀(直島ホール). 분라쿠 공연 및 연습을 위한 장소로 외관은 자유롭게 볼 수 있다.

혼무라 산책
本村の散歩

혼무라에는 이에 프로젝트를 비롯해 안도 뮤지엄, 털실 아트와 같은 주요 볼거리도 많지만, 거리 자체가 에도시대의 오래된 풍경을 간직하고 있어 산책하며 돌아보는 재미가 있다. 고민가의 오랜 세월이 느껴지는 진한 나무색과 흰색의 벽이 대비를 이루고, 곳곳에 위치한 개성 있는 상점과 시설이 거리 분위기를 장식해 고즈넉하면서도 개성 강한 분위기를 풍긴다.

🚌 시영버스 노쿄마에(農協前) 하차
📍 香川郡直島町本村

고탄지 해수욕장
琴反地海水浴場

나오시마 시영버스와 무료 셔틀버스의 환승 정류장 츠츠지쇼(つつじ荘) 바로 앞에 있는 해수욕장이다. 작은 도리이 너머로 펼쳐지는 세토우치해의 바다가 눈길을 사로잡는다. 초가을까지 곳곳에서 해수욕하는 서양인들을 볼 수 있다. 해수욕장 동쪽으로 3분 정도 걸어가면 쿠사마 야요이의 작품 노란 호박이 보이고, 그 옆으로 베네세 하우스 뮤지엄 주변에 흩어져 있는 야외 작품들을 볼 수 있다. 정류장 바로 앞에 있는 츠츠지쇼(つつじ荘) 안에는 화장실, 샤워 부스 등 해수욕 시 이용하기 좋은 편의 시설이 잘 구비되어 있다. 카페 겸 기념품점도 있어 버스를 기다리는 동안 이용하기도 편하다.

시영버스 츠츠지쇼(つつじ荘) 하차
香川郡直島町琴弾地

나오시마의 **명물 맛집**

시마쇼쿠DO미얀다
島食DOみやんだ

미야노우라항 근처에 있어 배편의 출발 전이나 도착 후 식사 시간대라면 이용하기 좋다. 매일 그날 잡은 생선과 제철 채소를 사용한 정식 요리를 선보이는데, 아침저녁으로 2회 생선을 들여온다. 메뉴판에 적어놔 어떤 생선을 사용하는지 알 수 있다. 메인 메뉴는 정식 3가지로 생선회, 생선간장조림, 생선구이 중 선택하면 된다. 고민가를 개조한 오래된 건물로 야외 테라스석도 있어 날씨가 좋은 날에는 밖에서 먹어도 좋다. 바로 옆에 갤러리를 함께 운영하는데, 세토우치 국제예술제 2010에 출품했던 짚으로 만든 예술 작품도 이곳에 전시되어 있다. 그 외에 섬의 농가에서 가져온 채소와 예술가가 만든 소품 등을 판매하는 마르쉐도 개최한다.

- 미야노우라항에서 도보 3분
- 香川郡直島町2268-2
- 11:30~14:00, 17:30~20:00(갤러리 11:00~19:00) / 월요일, 부정기 휴무
- 087-813-4400
- naopam.net

① 회 정식인 사시미테쇼쿠(刺身定食, 1500엔)와 맥주 나오시마모노가타리(直島物語, 750엔). 밥과 거북손이 든 된장국도 준다.
② 건물 주변이 아기자기하게 꾸며져 있어 사진을 찍기에도 좋다.

나카오쿠
中奥

나오시마의 예술 작품을 즐긴 뒤 휴식하기 좋은 장소. 혼무라 중심부에서 벗어나 야트막한 언덕 위 수풀과 담장으로 둘러싸인 고민가가 보인다. 곳곳에 간판을 둬 방문객이 길을 잃지 않도록 배려하고 있다. 오래된 미닫이 현관문을 열고 들어가면 일본 고민가 특유의 아늑하고 편안한 분위기의 내부가 나온다. 세토우치해에서 난 식재료를 사용해 만든 맛있는 요리를 내오는데, 식사뿐만 아니라, 카페 겸 바로도 이용할 수 있다. 런치 메뉴는 요금을 더 내면 샐러드와 음료, 디저트 등이 포함된 세트 메뉴로 바꿀 수 있다. 디저트 유무에 따라 추가 요금이 380엔, 580엔으로 나뉜다. 워낙 분위기가 좋은 공간이라 오래 머물고 싶어지니 가격 면에서도 세트 추가를 추천한다. 주로 오므라이스와 카레 등 밥류가 인기 있다.

자극적이지 않고 부드럽게 입에 감기는 폭신한 오므라이스와 수제 토마토 소스(ふわとろオムライスの自家製トマトソース, 700엔) 그리고 보슬보슬한 감자샐러드

- 혼무라 안도 뮤지엄에서 도보 5분
- 香川郡直島町本村字中奥1167
- 11:30~21:00(런치 ~15:00, 디너 18:00~) / 화요일, 부정기 휴무
- 087-892-3887
- www.naka-oku.com

오늘의 수제 시폰케이크(本日の自家製シフォンケーキ, 390엔), 나카오쿠오리지널블렌드(中奥オリジナルブレンド, 420엔). 런치 메뉴에 세트 추가로 580엔이면 먹을 수 있다.

풍요로운 자연과
예술의 만남

데시마 豊島

나오시마와 쇼도시마 사이에 위치한 곳으로 두 섬보다 유명하지는 않지만, 가장 자연 친화적인 분위기의 섬이 아닐까 싶다. 풍요로운 자연환경으로 어디서나 멋진 전망을 자랑한다. 곳곳에 자리 잡은 예술 작품과 더불어 쌀과 레몬, 딸기, 귤 등의 재배가 활발해 농지와 과수원이 자주 보인다. 방목된 소(올리브규)들도 눈에 띈다.

HOW TO GO

데시마는 나오시마와 쇼도시마 사이에 위치해 다카마츠항은 물론 각 섬에서도 오갈 수 있다. 주로 고속정이 다니며, 쇼도시마를 오갈 때 페리도 운항하지만 고속정과 요금이 같다.

다카마츠항에서 오는 배편은 데시마 카라토항(唐櫃)의 경우, 3~11월 토요일에만 2회 운항한다. 데시마 이에우라항(家浦港)의 경우 3~11월 하루 3~5편, 12~2월 하루 3~4편이 있다. 요일에 따라 편수에 차이가 있으며, 간혹 나오시마 혼무라항(本村港)을 경유해서 가는 것도 포함되어 있다.

나오시마의 미야노우라항(宮浦港)을 오가는 고속정은 하루 2편 운항하는데, 3~11월에는 화요일, 12~2월에는 화~목요일에 운휴이다. 게다가 데시마의 데시마 미술관이 휴무인 경우에도 운항하지 않는다.

쇼도시마 토노쇼항(土庄港)에서 데시마의 카라토항(唐櫃港)을 경유해 이에우라항(家浦港)을 오가는 배편은 하루 7회 페리와 고속정이 번갈아서 운항한다.

배편의 경우, 시기에 따라 운항 스케줄에 변동이 있으니 출발 전 시간을 꼭 확인하자.

운항 스케줄 setouchi-artfest.jp/ko/access

HOW TO TRAVEL

데시마에 도착하면 일단 관광안내소에서 데시마 안내도와 배편, 버스 시간표를 얻는다. 각 지역의 상세도, 작품, 이동 시간 등이 나와 있어 유용하다. 직원에게 휴관 중인 작품을 확인해두자. 데시마는 크지 않은 섬이지만 예술 작품이 산재해 있고, 버스 배차 시간이 긴 편이라 자전거 이용을 추천한다. 이동 시 높은 언덕을 넘어야 해서 대여점에도 전기자전거가 대부분이다. 이에우라항으로 들어온 경우, 관광안내소 겸 기념품점(09:00~17:00)이 있으며, 자전거 대여(4시간 1000엔, 초과 시 1시간에 100엔)와 물품 보관(소 300엔, 대 500엔)도 가능하다. 카라토항으로 들어온 경우에는 항구 앞길 건너편에 자전거 대여소(4시간 1000엔, 1일 1500엔)에서 빌리면 되는데, 추가 요금 300엔을 내면 이에우라항에 반납할 수 있다. 전동자전거는 탈 때 빠르게 발진하니 주의해야 하며, 내리막 경사가 급하고 커브도 많으니 항상 브레이크를 잡으며 속도를 조절하자. 무턱대고 스릴을 즐기다가는 목숨이 위험해진다.

DAY PLUS

데시마의 **인기 명소**

레몬호텔 스마일즈 Smiles
檸檬ホテル

시마키친이 음식과 예술의 만남이라면 레몬 호텔은 숙소와 예술의 만남이다. 약 90년의 역사를 가진 고민가를 개조해 숙박 시설 겸 체험형 예술 작품으로 재탄생시켰다. 실내로 들어가 입장료를 내면 오디오 가이드(일본어, 영어)를 빌려준다. 헤드폰을 끼고 야외의 1번 작품부터 차례대로 감상하면 된다. 레몬 호텔에 대한 이야기를 하면서 말장난을 하거나 뜻밖의 권유를 하는 등 해설이 능청스럽고 위트 있어 작품을 감상하면서 피식피식 웃음이 나온다. 데시마산 레몬을 사용해 염색한 천을 실내외 곳곳에 걸어두었는데 레몬빛 상큼함에 기분까지 싱그러워진다. 실내 테이블이나 야외 툇마루에 앉아 레몬스쿼시(檸檬スカッシュ, 500엔)를 한잔 마시며 느긋하게 시간을 보내다 가기 좋은 공간이다. 음료 외에도 간단한 간식거리도 판매한다. 숙박은 하루 1팀(2~6명)만 받으며, 월·화요일은 숙박 휴무일이다. 숙박 시 식사도 꼭 별도로 요청해야 한다.

그늘에서 마시는 상큼한 레몬사와(檸檬サワー, 750엔) 한잔이면 섬의 무더위도 한풀 꺾인다.

- 시마키친에서 도보 3분
- 小豆郡土庄町豊島唐櫃984
- 10:30~16:30(12~2月 ~16:00) / 화요일(12~2월 화~목요일) 휴무
- 500엔
- lemonhotel.jp

넓은 공간은 아니어서 한 바퀴는 금방 돈다. 다만, 중간중간 해설자의 말을 얼마나 충실히 따르는지에 따라 관람 시간이 길어진다.

작품 6. 두 사람이 볼 사이에 레몬을 끼고 있는 것을 볼이라는 의미의 일본어 호호(ほほ)를 붙여 호호레몬(ほほ檸檬)이라고 한다.

레몬 호텔 바로 옆의 레몬 과수원

137

당신이 사랑하는 것은 당신을 울리기도 한다 　토비아스 레베르거 Tobias Rehberger

あなたが愛するものは、あなたを泣かせもする

오래된 빈집이었던 곳을 물방울과 선 등의 모양이 천장부터 바닥, 벽, 테이블까지 가득 채우고 있다. 공간 자체가 작품으로 레스토랑 겸 카페로 개장했으나 현재는 운영하지 않고, 작품 관람만 가능하다.

📍 이에우라항에서 도보 5분
💴 300엔

당신의 첫 색깔 　피필로티 리스트 Pipilotti Rist

あなたの最初の色

창고 안으로 들어가면 위쪽 원 모양의 스크린에 튤립과 풍경, 사람 등의 영상을 비춰 보내는 공간 전시 작품. 영상을 가만히 보고 있으면 오묘한 기분이 든다.

📍 시마키친 바로 옆
💴 300엔

하늘의 입자 아오키 노에 青木野枝

空の粒子/唐櫃

공중에 입자들이 춤을 추는 듯한 원형의 조각을 연결해 물탱크를 둘러싸도록 설치했다. 지난 예술제 당시에는 철문과 벤치를 설치하기도 했다. 옛 커뮤니티 거점으로 이전의 활기찼던 시대로 돌아가고자 하는 프로젝트다.

📍 시마키친에서 도보 3분(자전거로 이동)

승자가 없는 멀티 농구 이오베트 & 폰즈 Llobet & Pons

勝者はいない―マルチ・バスケットボール

현지 주민과 관광객 모두가 농구를 즐길 수 있도록 만들어낸 장소. 다만, 일반 농구 골대와는 달리 보드를 크게 만들어 여러 골대를 설치했다. 상상력을 발휘해 각각의 규칙으로 즐기는 농구이다.

📍 데시마 미술관에서 자전거 10분

먼 기억 시오타 치하루 塩田千春

遠い記憶

마을의 옛 모임 장소에 더 이상 사용하지 않는 목제 창호로 터널 모양의 입체 작품을 설치했다. 600개의 창호를 모아 현지 주민들과 함께 만들었다. 터널은 건물을 관통하듯 설치해 정면에서는 논이 보이고 뒤쪽으로는 바다가 보인다.

📍 데시마 팔백만 라보에서 자전거 5분

DAY PLUS

데시마의 명물 맛집

시마키친 아베 료 安部良
島キッチン

마을에 있던 빈집을 건축가 아베 료가 설계해 재탄생한 곳으로 '음식과 예술'을 통해 사람을 연결하는 만남의 장소이다. 건물을 둘러싸는 큰 지붕 아래 야외 테이블이 있는 개방적인 레스토랑으로 건물 자체가 예술 작품이다. 그 작품 안에서 섬의 식재료를 사용한 맛있는 요리를 맛볼 수 있다. 도쿄에 있는 5성급 호텔의 셰프들이 데시마를 오가며 섬 주민 어머니들과 함께 새로운 메뉴를 개발하고 조리 방법을 지도한다. 이곳의 식사 메뉴는 두 가지로 인기 있는 것이 시마키친세트(島キチンセット, 1620엔)이다. 메인으로 생선과 섬 채소를 사용한 요리가 나온다. 또 다른 메뉴인 키마카레세트(キーマカレーセット, 1296엔)는 메인이 키마카레로 카레 위에 섬 채소튀김을 올려준다. 공간 자체도 워낙 매력적이라 식사 전후로 둘러보기 좋다.

📍 데시마 미술관에서 자전거 10분
🚩 小豆郡土庄町豊島唐櫃1061
🕐 토~월요일 11:00~16:00 / 화~금요일, 부정기 휴무 (홈페이지 확인)
📞 0879-68-3771
🌐 shimakitchen.com

① 샐러드와 멸치로 만든 전채 요리를 먼저 내준다.
② 바삭한 표면에 촉촉하고 부드러운 생선 요리와 구운 채소가 입맛을 사로잡는다. 자극적이지 않게 재료의 맛을 살리면서 맛있게 먹을 수 있다.
③ 데시마에서 재배한 과일로 만든 계절 한정 드링크(季節検定ドリンク, 540엔). 상큼하고 청량감 넘치는 음료다.

시마키친 관련 굿즈와
기념품도 판매하고 있다.

카운터에서 주문을 하고 자리에 앉는데, 식사는 그림 메뉴가 있어 구성을 보고 고르기 좋다.

- 데시마 미술관에서 자전거 25분
- 小豆郡土庄町豊島家浦字小港525-1
- 15:00~17:00 / 부정기 휴무
- 0879-68-3677
- www.chc-co.com/umi

우미노레스토랑
海のレストラン

아름다운 바다를 보며 시간을 보낼 수 있는 개방된 공간으로 음식점 겸 카페이다. 음식을 먹기 전부터 공간 자체가 독특하고 세련된 분위기로 이곳의 존재를 몰랐어도 자전거를 타고 지나가다가 보게 되면 십중팔구 방문하게 된다. 싱그러운 작은 정원 앞으로 컨테이너 건물의 흰색과 바닥의 다홍빛이 대비를 이루며 따스한 분위기를 만든다. 문으로 들어가면 한쪽 벽 자체가 없는 개방된 형태로 바닷바람을 맞으며 시간을 보내기 좋다. 분위기가 워낙 좋아 티타임을 가지며 휴식을 취해도 좋고 풍요로운 섬, 데시마에서 자란 식재료를 사용해 만든 메뉴를 맛봐도 좋다. 계절 한정 런치 메뉴는 세토우치산 생선(瀬戸内海鮮魚, 1600엔)과 사누키올리브비프(讃岐オリーブビーフ, 1800엔) 2가지로 시즌에 따라 바뀌기도 한다. 런치에 300엔을 추가해 음료 세트로 먹을 수 있다.

오늘의 디저트
(本日のデザート, 500엔)로
나온 딸기 셔벗

아이스커피
(アイスコーヒー,
500엔)

이치고야
いちご家

데시마의 대표 재배 품종 중 하나가 딸기인데, 이곳은 데시마의 딸기 농가에서 직접 운영하는 딸기 디저트 전문점이다. 실내는 테이블이 3개 정도로 넓지 않지만 야외 테이블도 있다. 이곳의 대표 메뉴는 폭신폭신 고운 얼음 위에 딸기 시럽과 딸기 잼을 올려낸 딸기 빙수(いちご氷, 450엔)이다. 진하고 고급스러운 딸기의 맛이 남달라 이곳에서 인생 딸기 빙수를 만날 확률이 높다. 그 외에 크레이프나 소프트크림(いちごソーストッピングソフトクリーム, 360엔) 등도 있다. 딸기 관련 상품을 함께 판매하는데 가장 저렴하게 파는 직영점이니 잼이나 소스를 꼭 사자.

딸기크레이프(いちごのクレープ, 400~550엔)와 딸기소다(いちごソーダ, 310엔)

- 이에우라항에서도 도보 5분
- 小豆郡土庄町豊島家浦2133-2
- 금~월요일 10:00~17:00(동절기 12:00~) / 1~6월 화~목요일, 7월 이후 부정기 휴무
- 0879-68-2681
- teshima158.com

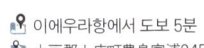

- 이에우라항에서 도보 5분
- 小豆郡土庄町豊島家浦2458-2
- www.teshimanomado.com

데시마노마도
てしまのまど

항구 주변에 위치한 식사가 가능한 북카페. 오래된 고민가를 개조한 곳으로 편안하고 고즈넉한 분위기라 차 한잔하며 시간을 보내기 좋다. 책 자체도 데시마나 섬과 관련된 주제의 책 위주이며, 세월의 흔적이 엿보이는 작은 소품들을 구경하는 재미도 있다. 카페 운영은 부수적인 것으로, 데시마의 지역 주민들과 교류하는 커뮤니티 활동이 주를 이룬다. 그래서인지 운영일도, 영업시간도 부정기적이다. 배 시간이 남을 때 슬렁슬렁 근처를 둘러보며 열면 좋고, 아니면 말고 정도의 마음가짐으로 와보는 것이 현명하다.

① 데시마 관련 굿즈도 판매하고 있다.
② 커피(自家焙煎珈琲, 350엔)와 스콘(スコーン, 300엔)

S P E C I A L

베네세 아트 사이트 나오시마
ベネッセアートサイト直島

베네세 아트 사이트 나오시마는 주식회사 베네세홀딩스(ベネッセホールディングス)와 공익재단법인 복무재단(福武財団)의 주도 하에 카가와현의 나오시마와 데시마, 오카야마현의 이누지마에서 펼치는 예술 활동의 총칭이다. 이 활동의 기본 방침은 세토우치해 섬들의 자연과 지역 고유의 문화 속에 현대미술과 건축을 두어 어디에도 없는 특별한 장소를 만드는 것이다. 그곳에서 방문객이 세토우치의 풍경과 지역 주민을 만나며 베네세홀딩스의 기업 이념인 '잘 산다'라는 것에 대해 생각해보게 되는 계기를 만들어 주고자 하는 것이다. 이 지속적인 활동을 통해 지역의 환경, 문화, 경제 모든 면에서 사회 공헌이 가능하도록, 현대미술과 그 지역이 함께 성장해나가는 관계를 만들어가고자 한다.

베네세에서는 작품들의 사진을 원칙적으로 가이드북에 제공하지 않으며, 외관 사진도 저작권 문제상 게재할 수 없어 간략한 소개만 덧붙인다. 홈페이지에 사진과 정보가 나와 있지만, 사진과 설명만으로 이해하기 힘든 작품이 많으니 모두 직접 가서 느껴보기를 권한다. 내부 입장 인원에 제한이 있는 작품도 있고, 방문 시에도 작품 내 사진 촬영을 금지한다.

benesse-artsite.jp

❶ 베네세 하우스 뮤지엄
ベネッセハウス ミュージアム

'자연, 건축, 예술의 공생'을 콘셉트로 뮤지엄과 리조트 시설이 함께한다.
야외에도 작품이 산재해 있다.

- 이우환 미술관에서 셔틀버스 2분
- 香川郡直島町琴弾地
- 08:00~21:00
- 1030엔
- 087-892-3223

❷ 치추 미술관

'자연과 인간을 생각하는 장소'로 세토우치의 경관을 해치지
않도록 건물 대부분이 지하에 숨어 있는 미술관.

- 환승 정류장 츠츠지쇼(つつじ荘)에서 셔틀버스 7분
- 香川郡直島町3449-1
- 3~9월 10:00~18:00, 10~2월 10:00~17:00 / 월요일 휴무
- 2060엔
- 087-892-3755

❸ 이우환 미술관

李禹煥美術館

유럽을 중심으로 활동 중인 예술가 이우환의 70년대부터 현재에 이르기까지 회화, 조각 등이 전시되어 있다.

📍 치추 미술관에서 셔틀버스 2분
🏠 香川郡直島町字倉浦1390
🕒 3~9월 10:00~18:00, 10~2월 10:00~17:00 / 월요일 휴무
💴 1030엔
📞 087-892-3754

❹ 안도 뮤지엄

ANDO MUSEUM

약 100년이나 된 목제 고민가의 내부를 개조해 만든 뮤지엄. 안도 타다오의 활동과 나오시마의 역사에 관한 자료를 전시한다.

📍 카도야에서 도보 2분
🏠 香川郡直島町736-2
🕒 10:00~16:30 / 월요일 휴무
💴 510엔
📞 087-892-3754

❺ 이에 프로젝트
家プロジェクト

혼무라 지구에 흩어져 있던 고민가를 개조해 예술가들이 공간 자체를 작품으로 만들었다.

📍 혼무라 중심부
🏠 香川郡直島町本村地区
🕒 10:00~16:30 / 월요일 휴무
💴 공통권(킨자 제외 6곳) 1030엔, 1곳 410엔, 킨자 510엔
📞 087-892-3223

❶ **카도야 角屋** 미야지마 타츠오 宮島達男
❷ **미나미데라 南寺** 제임스 터렐 James Turrell
   (안도 타다오가 설계. 현장에서 입장 시간 예약, 최종 입장 16:15)
❸ **킨자 きんざ** 나이토 레이 内藤礼
   (홈페이지 예약 필수)
❹ **고오진쟈 護王神社** 스기모토 히로시 杉本博司
❺ **이시바시 石橋** 센주 히로시 千住博
❻ **고카이쇼 碁会所** 스다 요시히로 須田悦弘
❼ **하이샤 はいしゃ** 오타케 신로 大竹伸朗

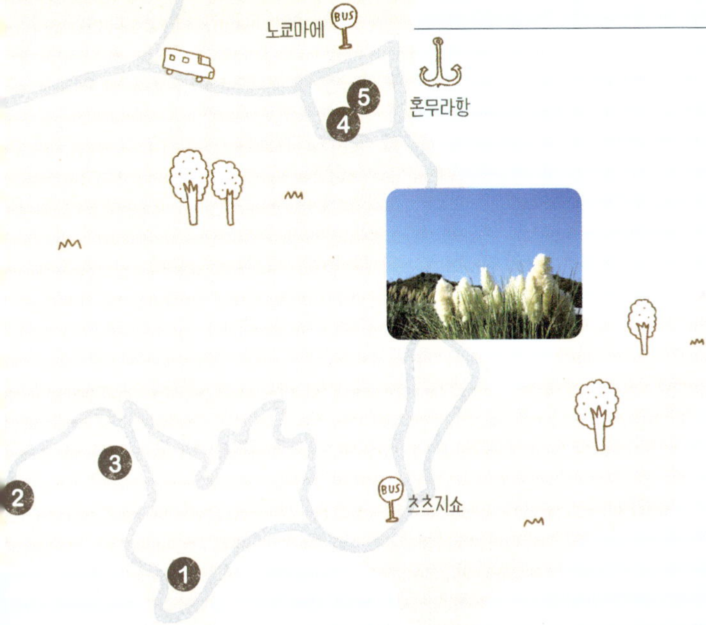

❻ 나오시마 목욕탕 '아이러브유'
直島銭湯「Ｉ♥湯」

실제 목욕탕으로 이용할 수 있는 미술 시설.

- 📍 미야노우라항에서 도보 5분
- 🗺 香川郡直島町2252-2
- 🕐 홈페이지 확인
- ¥ 510엔
- ☏ 087-892-2626

❼ 미야우라 갤러리 록쿠
宮浦ギャラリー六区

기획전을 전시하는 갤러리.

- 📍 미야노우라항에서 도보 5분
- 🗺 香川郡直島町2310-77
- 🕐 기획전에 따라 다름
- ¥ 기획전에 따라 다름
- ☏ 087-892-3754

데시마

❶ 데시마 미술관
豊島美術館

데시마의 바람, 소리, 빛이 건물과 호응하는 유기적인 공간으로 바닥에는 마르지 않는 물웅덩이가 있다.

- 카라토항에서 자전거 7분
- 小豆郡土庄町豊島唐櫃607
- 홈페이지 확인
- 1540엔
- 0879-68-3555

❷ 심장 소리 아카이브
心臓音のアーカイブ

전 세계 사람들의 심장 소리를 영구적으로 보존하고 들을 수 있는 미술관.

- 카라토항에서 자전거 7분
- 小豆郡土庄町豊島唐櫃2801-1
- 홈페이지 확인
- 510엔, 심장 소리 등록금 1540엔
- 0879-68-3555

이에우라항

❸ 톰나휘
トムナフーリ

휴관

고대 켈트족의 영혼 전생 장소 톰나휘와 고대 인류가 만들었던 돌기둥에서 영감을 받아 삶과 죽음을 상징하는 현대의 새로운 기념비를 만들었다.

- 데시마 시월 하우스에서 자전거 10분
- 小豆郡土庄町豊島家浦字虻37
- 10:30~16:30 / 부정기 휴무 (홈페이지 확인)
- 300엔
- 0879-68-3555

❹ 속삭임의 숲
ささやきの森

데시마의 산 중턱 숲속에 400개의 풍경(風鈴)이 바람에 흔들리며, 조용한 소리를 연주하는 설치 미술 작품.

- 시마키친에서 도보 20분
- 小豆郡土庄町豊島唐櫃1771
- 10:30~16:30 / 부정기 휴무 (홈페이지 확인)
- 무료
- 0879-68-3555

❺ 바늘 공장
針工場

바늘 제조 공장터에 약 30년간 방치되던 선체용 목제 골을 두어 작품 공간을 형성했다.

- 데시마 요코칸에서 자전거 5분
- 小豆郡土庄町豊島家浦字中村1841-2
- 10:30~16:30 / 부정기 휴무(홈페이지 확인)
- 510엔
- 0879-68-3555

❻ 데시마 팔백만 라보
豊島八百万ラボ

연구소와 신사를 하나로 합쳐놓은 곳으로 작품 공간에서 '스프츠니코!'의 신작 영상을 감상할 수 있다.

- 이에우라항에서 자전거 15분
- 小豆郡土庄町豊島甲生908
- 10:30~16:30 / 부정기 휴무(홈페이지 확인)
- 510엔
- 0879-68-3555

❼ 데시마 시월 하우스
豊島シーウォールハウス

카라토항

해안의 고민가에 드럼, 오르골 등의 악기와 색소폰, 퉁소 연주 영상, 사운드 작품이 배치되어 서로 영향을 주고받는다.

- 이에우라항에서 자전거 7분
- 小豆郡土庄町豊島家浦423
- 10:30~16:30(1~2월 11:00~) / 부정기 휴무(홈페이지 확인)
- 510엔

❽ 스톰 하우스
ストーム・ハウス

휴관

민가 안에서 10분간 폭풍이 불어닥치고 사라지는 것을 체험할 수 있다.

- 시마키친에서 도보 3분
- 小豆郡土庄町豊島唐櫃字東状837
- 10:30~16:30 / 부정기 휴무(홈페이지 확인)
- 300엔

❾ 데시마 요코칸
豊島横尾館

마을에 있는 고민가를 개조해 만든 곳으로 전시 공간은 기존 건물의 배치를 살려 안채, 창고, 헛간으로 구성된다. 요코 타다노리(横尾忠則)의 작품을 전시한다.

- 이에우라항에서 도보 7분
- 小豆郡土庄町豊島家浦2359
- 홈페이지 확인
- 510엔
- 0879-68-3555

순례길 오헨로와
뷰포인트 전망대

야시마 屋島 & 고켄산 五劍山

야시마와 고켄산에는 각각 시코쿠 순례길 오헨로(お遍路)에 속한 사찰은 물론이고, 산 정상에서 세토우치해를 내려다볼 수 있는 멋진 전망대가 있다. 야시마는 정상 부분이 평평하다 갑자기 절벽처럼 깎아지는 메사 지형에 가까워 멀리서도 눈에 띈다. 고켄산은 해발 375미터로 눈길을 사로잡는 5개의 봉우리가 있다. 야쿠리산(八栗山)이라고도 한다.

HOW TO GO

야시마와 고켄산 모두 다카마츠에서 고토덴을 이용해 편하게 이동할 수 있다. 다카마츠의 고토덴 가와라마치역에서 붉은색의 시도선에 탑승해 야시마는 고토덴야시마역(琴電屋島駅)에서, 고켄산은 야쿠리역(八栗駅)에서 하차하면 된다. 각각 15분과 20분이 소요된다.

HOW TO TRAVEL

야시마역 바로 앞에는 시코쿠무라를 경유해 산 정상까지 올라가는 셔틀버스가 있다. 시코쿠무라의 경우 정상으로 올라갈 때만 경유한다. 운임은 편도 100엔으로 고토덴에서 운영하는 것이어서 이루카 카드로도 탑승 가능하다. 평일 하루 8~9대, 주말 12~13대를 1시간에 1대꼴로 운행하니 시간을 잘 체크하고 탑승하자.

고켄산은 야쿠리역에서 내려 꽤 걸어가야 한다. 역에서 자전거 대여(08:30~19:00, 3시간 500엔, 연장 1시간당 100엔)가 가능하지만, 걷는 것을 좋아한다면 오헨로를 직접 걸어보며 짧게나마 체험해보는 것도 좋다. 야쿠리지행 케이블카역까지 1.7킬로미터로 도보 30분 정도가 걸리는데, 오르막이라서 가벼운 산책길은 아니다. 하지만 가는 길에 석공소가 모여 있어 각양각색의 석공예품을 구경하며 가기 좋다.

셔틀버스 www.kotoden.co.jp/publichtm/bus/rosen/yashima/t-yashima.html

DAY PLUS

야시마의 **인기 명소**

시코쿠무라
四国村

시코쿠 지방 각지에서 고민가 33채를 옮겨 지은 야외 박물관으로, 선인들의 삶과 지혜를 느낄 수 있다. 에도시대부터 다이쇼시대에 걸쳐 지방색이 드러나 있는 건물과 당시 생활상을 엿볼 수 있는 도구가 곳곳에 배치되어 있어 사회교육의 장으로도 이용된다. 5만 제곱미터의 부지가 자연에 둘러싸여 있는데, 사계절에 맞춰 식물들을 심어놨다. 계절의 변화를 느끼며 산책만 하더라도 만족할 정도로 아름답다. 입구에서 안내도를 가지고 코스를 따라 천천히 한 바퀴 도는데 2시간 정도는 잡아야 한다. 건물을 꼼꼼하게 살펴보고, 사진을 찍는다면 시간은 더 늘어난다. 관광객도 많지 않아, 숲속의 오래된 작은 마을에 혼자 들어와 있는 느낌이 든다. 경사면에 있어 오르막도 꽤 있고, 돌로 된 길과 계단 등 길이 평탄하지는 않으니 꼭 편한 신발을 신고 오자.

📍 고토덴 야시마역에서 도보 10분
🗾 高松市屋島中町91
🕐 08:30~18:00(11~3월 ~17:30) / 무휴
💴 1000엔(우동 패스포트 할인)
📞 087-843-3111
🌐 www.shikokumura.or.jp

❶ ❷

① 중간중간 눈에 띄는 있는 안내석으로, 손가락 방향을 따라 관람 코스대로 가면 된다.
② 산림이 우거진 곳이라 살모사를 조심하라는 팻말도 있다.
③ 카즈라하시(かずら橋)는 큰 다리는 아니지만 생각보다 흔들림이 심해, 조마조마해가며 건너게 된다.

안도 타다오가 설계한 시코쿠무라 갤러리는 유럽 회화와 조각, 불상, 청동기 등 다양한 미술품을 전시한다. 야외의 수경 정원이 특히 아름답다.

① 고베 이진칸에서 옮겨 지은 출구 바로 옆 티룸 이진칸(ティールーム 異人館)은 카페로 이용 중이다.
② 기념품점 오미야(おみ家). 식사를 하고 싶다면 기념품점 아래쪽에 있는 우동 전문점 와라야(わら家)로 가자.
③ 세토우치해 항로를 비추는 등대 옆에는 3채의 등대지기의 숙소와 영국식 등대가 있다.

야시마지
島寺

오헨로의 제84번 사찰로, 덴표쇼호(天平勝宝, 749~756년)시대에 당나라 학승 간진(鑑真) 스님에 의해 세워졌다고 전해진다. 가마쿠라 양식의 아름다운 모습을 갖춘 주황색 본당과 그 안에 안치된 관음좌상은 국가 중요문화재로 지정되었다. 경내를 돌다보면 귀여운 너구리가 눈에 띄는데, 본당 옆에 암수 한 쌍의 거대 너구리 미노야마다이묘진(蓑山大明神)이 있다. 이들은 야시마의 타사부로타누키(太三郎狸)라 불리며, 일본 3대 너구리 중 하나로 지브리의 애니메이션 영화〈폼포코 너구리 대작전〉에도 등장한다. 타사부로타누키는 너구리요괴로 안개가 짙은 날 승려가 야시마에서 길을 잃었을 때, 노인으로 둔갑해 길을 안내하기도 하고, 야시마에서 여러 선행을 쌓은 공으로 토지신으로서 본당 옆에 모셔졌다. 가정의 화목과 결혼, 자식의 행운을 상징한다. 대지가 평지라 산책하기 좋고, 규모도 크지 않아 시시노이간 전망대와 함께 가볍게 둘러보기 좋다.

- 고토덴 야시마역 또는 시코쿠무라에서 셔틀버스 탑승 후 정상에서 하차
- 高松市屋島東町1808
- 087-841-9418
- www.88shikokuhenro.jp/kagawa/84yashimaji

SPECIAL

시코쿠 순례길, 오헨로

오헨로(お遍路)란 코보 대사(弘法大師)의 발자취를 따라 88개의 사찰을 참배하는 것이다. 최근에는 건강이나 파워 스폿 순례, 자아 성찰 등 각양각색의 목적으로 순례에 참여한다. 순례자가 쓰는 갓에는 2인 동행(同行二人)이라고 쓰여 있는데, 2명 중 한 명은 자신, 다른 한 명은 코보 대사로, 코보 대사와 함께 둘이서 순례길을 걷는다는 의미이다.

사찰은 1번부터 순서대로 도는 것이 일반적이지만, 88번부터 반대 방향으로 돌면 순서대로 3번 도는 것만큼의 공덕이 쌓인다고 한다. 그 외에 쉬지 않고 1번부터 88번 사찰까지 도는 방법, 현으로 끊어서 도는 방법, 적당한 구간을 끊어서 도는 방법 등 각자의 체력과 페이스에 맞춰 순례길을 걸으면 된다. 순례하는 순번, 횟수 등만 자유로운 것이 아니라 순례 방법 또한 다양한 것이 오헨로의 좋은 점이다. 도보는 물론이고, 자동차, 투어버스 등의 방법이 있으니 자신의 스타일에 맞춰 돌면 된다.

오헨로의 복장은 전통적인 나무 지팡이 금강장, 삿갓, 흰옷의 조합이 인기이긴 하지만, 자신에게 맞는 편한 복장으로 다니는 사람들도 늘어났다.

대부분의 순례자는 순례가 끝난 것을 보고하기 위해 코보 대사가 수행하기 위해 들어간 와카야마현(和歌山県) 코야산(高野山)의 성지 오쿠노인(奥之院)에서 참배한다. 오쿠노인에서는 납경장(사찰의 순례를 증명하는 순례지와 날짜 등이 적힌 붉은 도장을 받기 위한 수첩)에 도장을 받는다. 오헨로를 시작하기 전에 대사에게 인사하기 위해 찾는 사람도 있다.

2014년은 오헨로 1200주년이었는데, 평소에는 직접 볼 수 없었던 불상이나 본당을 개방했다.

시시노이간 전망대
獅子の霊巌展望台

다카마쓰 시가지를 비롯해 메기지마, 오기지마 등 세토우치해의 멋진 경관을 즐길 수 있는 전망대. 전망대 아래에는 바다 쪽으로 울부짖는 듯한 사자를 닮은 바위가 있어 이런 이름이 붙었다. 레이간차야(れいがん茶屋)에서 음료 한 잔을 사서 멋진 경치를 바라보며 쉬어가도 좋다. 운수대통과 액막이를 기원하는 카와라케나게(かわらけ投げ)도 즐길 수 있다. 레이간차야에서 작은 접시 모양의 토기를 구입한 뒤, 난간 너머에 있는 동그란 원형 안으로 던지는 것이다. 야시마에 있는 전망대 중 가장 아름다운 야경을 자랑하는 곳으로, 매년 여름에는 야시마 저녁 야경 축제 기간에 맞춰 셔틀버스를 늦은 저녁까지 운행한다.

📍 야시마지에서 도보 10분
🚌 高松市屋島東町1784

DAY PLUS

야시마의 명물 맛집

와라야
わら家

시코쿠무라 바로 옆에 위치해 오전에 시코쿠무라를 관람한 뒤 이곳에서 점심을 먹으면 딱이다. 메뉴는 가마아게우동, 자루우동, 나마쇼유우동, 붓카케우동(소 500엔, 대 700엔)까지 총 4종류가 있다. 붓카케우동을 제외한 나머지 우동의 가격은 소 460엔, 대 700엔으로 동일하다. 이중 대표 메뉴는 가마아게우동으로 잘 삶아내 뽀얀 면은 쫄깃하면서도 목 넘김이 부드럽고, 따끈한 간장 국물에서는 감칠맛이 난다. 사누키우동 전문점이 대게 그러하듯 우동 반죽은 매일 최고의 상태가 되도록 최고급 밀가루를 사용해 그날그날의 날씨, 온도, 습도로 미묘하게 소금물의 양과 농도를 조절해 반죽한다. 항상 바로 삶아낸 우동을 먹을 수 있도록 면을 미리 삶아 놓지 않는다.

- 시코쿠무라 바로 옆
- 高松市屋島中町91
- 평일 10:00~19:00(12~2월 ~18:30), 주말 09:00~19:00 / 무휴
- 087-841-4384
- www.wara-ya.co.jp

DAY PLUS

고켄산의 인기 명소

전망대 아래쪽 길을 따라가면 산 입구로 가는 내리막길이 나온다.

야쿠리지
八栗寺

야시마의 동쪽, 5개의 봉우리를 가진 고켄산에 있는 오헨로의 제85번 사찰이다. 산 입구에 도착하면 케이블카 역이 보이는데, 레트로한 모양새의 케이블카가 귀엽다. 체력이 있는 편이라면 편도로 구입해 내려올 때는 옆쪽의 등산로로 걸어 내려오는 것을 추천한다. 25~30분 정도가 걸리는데, 경사가 아주 가파른 편이니 안전에 유의하자. 정상에 도착하면, 밤 같은 간식과 기념품을 사기 좋은 짧은 상가가 나오고, 그 뒤로 녹음에 둘러싸인 멋진 길이 시작된다. 경내에는 눈길을 사로잡는 멋진 시설과 더불어 아기자기하게 꾸며진 곳도 많아 구경하는 재미가 있다. 본당으로 가면 여기저기 참배 중인 오헨로 순례자와 현지 주민들의 모습을 쉽게 볼 수 있다. 이곳에 벤치가 많아 한숨 쉬어가기 좋다. 본당 앞으로 이어지는 길을 따라가면 오무카에 대사 전망대(お迎え大師展望 台)가 나온다. 야시마를 비롯해 야쿠리역 주변 풍경이 시원하게 펼쳐지는 곳이다. 싱그러운 경내 분위기로 자연에 둘러싸인 공간과 산책을 좋아한다면 방문해보기를 권한다.

- 케이블카 하차 후 도보 5분
- 高松市牟礼町牟礼3416
- 087-845-9603
- www.88shikokuhenro.jp/kagawa/85yakuriji,
  케이블카 www.shikoku-cable.co.jp/yakuri/index.htm

① 왼쪽의 쇼텐도(聖天堂)는 상업 번창과 학업 성취, 인연을 맺어주는 곳으로 유명하다.
② 케이블카라고 하지만 지면의 선로를 따라 움직이는 방식으로, 운행할 때 흘러나오는 음악마저도 레트로해 케이블카와 잘 어울린다. 요금은 편도 560엔, 왕복 930엔이다.

고켄산과 야쿠리지, 이름의 유래

5개의 검이라는 의미의 고켄산은 코보 대사가 산에서 수행했을 때, 5개의 검이 하늘에서 강림해 산속으로 스며들어 나라를 지켜냈다는 유래에서 이름이 붙었다. 하지만 봉우리를 보면 4개만 눈에 띄는데, 이는 1706년 대지진을 겪은 뒤 가장 오른쪽에 있는 봉우리가 낮게 무너지면서 현재의 모습이 되었다고 한다.
8개 밤이라는 뜻의 야쿠리지는 코보 대사가 당나라에서 하게 될 수행의 성패를 미리 가늠해보기 위해 8개의 군밤을 심고 떠났는데, 귀국 후 돌아와 보니 모두 크게 성장했다는 설에서 왔다.

DAY PLUS

고켄산의 명물 맛집

야마다야
山田家

고켄산으로 올라가는 길목에 위치한다. 넓은 주차장에서부터 얼마나 많은 사람이 방문하는 곳인지 알 수 있다. 입구로 들어서면 아름다운 정원이 펼쳐지는데, 국가 지정 유형문화재라는 명패가 절로 이해된다. 실내가 굉장히 넓어 직원이 좌식과 입식, 어떤 것을 원하는지 물어보는데, 정원 경치가 좋은 좌식을 선택하자. 장소를 안내받으면 원하는 자리에 앉는데, 어느 쪽을 봐도 멋진 정원 풍경이 펼쳐져 심히 고민되는 지점이다. 메뉴를 주문하고, 음식이 나오는 동안 주변을 둘러보며 시간을 보내면 좋다. 이곳의 대표 메뉴는 붓카케우동인데, 튀김도 맛있기로 유명하니 정식으로 먹는 것을 추천한다. 따뜻한 면이 가마붓카케정식(釜ぶっかけ定食)이고, 차가운 면이 자루붓카케정식(ざるぶっかけ定食)이다. 굉장히 쫄깃한 면과 파사삭 소리가 나는 튀김은 그 맛만으로도 감동을 주는데, 공간마저 아름다워 지금의 시간이 소중하게 느껴질 정도다. 규모만큼 많은 사람이 방문하니 가능하면 평일이나 식사 시간대를 피해서 오는 것이 좋다.

- 고토덴 야쿠리역에서 도보 25분, 야쿠리지 케이블카역에서 도보 10분
- 高松市牟礼町牟礼3186
- 10:00~20:00 / 무휴
- 0120-04-6522, 087-845-6522
- www.yamada-ya.com

자루붓카케정식(1140엔). 조롱박 모양의 오시스시는 마치 삼각김밥처럼 밥 안에도 재료가 들어 있다.

그 옛날 영주를 모셨던 안쪽 거실은 차분한 분위기에 정원 정취를 느끼기 좋다.

① 생면을 산다면 사기 전에 꼭 유통기한을 고려하자. 워낙 유명한 우동 전문점이라 공항에서도 상품을 판매한다.
② 건물 옆쪽 길로 내려가면 야마다야의 거대한 물류 공장 부지를 볼 수 있다.

전통과 신앙이 살아 숨 쉬는 곳

고토히라 琴平

조즈산(象頭山)의 산기슭을 따라 형성된 곳으로 바다의 신 곤피라(金比羅)를 모시는 고토히라구로 유명하다. 역사적인 건축물을 비롯해 곳곳에 유명 온천장도 많다. 그래서인지 전통적인 느낌과 더불어 살짝 정겨운 시골 분위기가 감도는 마을이다. 오르막길 참배로를 따라 정겨운 분위기를 느낄 수 있다.

HOW TO GO

고토히라는 다카마츠에서 고토덴과 JR을 이용해 쉽게 이동할 수 있다. 두 열차 모두 1시간 5분 정도의 시간이 걸리지만, 고토덴의 경우 620엔, JR의 경우 850엔이라는 요금차가 있다. 게다가 JR은 갈아탈 필요 없는 노선이 하루에 2~3대 정도인 데에 반해, 고토덴은 1시간에 1~2대 정도는 꼭 운행하는 편이라 훨씬 이용하기 편리하다.

고토덴 시간표 www.kotoden.co.jp/publichtm/kotoden/time/jikoku_new/01k_down.htm

HOW TO TRAVEL

고토히라에 도착하면 일단, 역사에서 안내도를 입수하자. 일러스트 지도이지만, 랜드마크가 그려져 있어 지도의 기능을 톡톡히 한다. 고토히라는 큰 마을이 아니기도 하고 도로 자체도 단순한 편인 데다, 고토히라구까지 이정표가 많아 충분히 헤매지 않고 걸어서 돌아다닐 수 있다. 게다가 곳곳의 역사적인 건물과 더불어 오래된 마을 풍경이 산책의 즐거움을 더한다. 곤피라오모테산도부터는 꽤 가파른 언덕이 시작되고, 고토히라구에서는 높은 계단과 마주하게 되니 편한 신발을 신자.

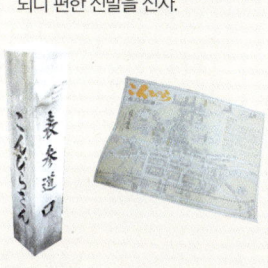

DAY PLUS

고토히라의 인기 명소

- 고토덴 고토덴코토히라역에서 도보 10분
- 仲多度郡琴平町811
- 0877-75-3500

곤피라오모테산도
こんぴら表参道

참배로 입구부터 고토히라구까지 이어지는 길로, 고토히라구의 경내 입구라 할 수 있는 다이몬(大門) 전까지 상점가가 줄지어 있는 거리이다. 길 양쪽으로 다양한 음식점과 기념품점이 즐비해 구경하며 걷는 즐거움이 크다. 2015년에는 관광안내소도 오픈했다. 고토히라구(金刀比羅宮)의 '금(金)'에서 착안해 외관과 내부 장식에 '금색' 요소를 도입했으며, 기념품도 겸한다. 역에서 관광안내도를 가져오지 못했다면 이곳에 들르자. 계단이 본격적으로 시작되면 그 가파름에 숨이 꽤 찬다. 주위를 둘러보면 어르신들도 힘차게 올라가는데, 그들이 손에 하나씩 쥐고 있는 것이 바로 대나무 지팡이. 상점 곳곳에서 무료로 빌려준다. 위로 갈수록 무료가 아니라 돈을 지불해야 하는 곳도 나오니, 지팡이가 필요하다면 아래쪽에서 대여하자. 물도 위쪽으로 갈수록 가격이 비싸진다. 숨이 찰 때면 기념품점을 구경하거나, 벤치, 계단 등에 앉아 천천히 휴식하며 오르자.

곤피라오모테산도의 시작을 알리는 비석

① 785계단 중 100계단째. 중간중간 계단 개수가 표시되어 있다.
② 오르막길이 끝나고 이제 본격적인 오르막 계단이 시작된다.
③ 대나무 지팡이는 처음에는 고마운 존재지만, 나중에는 이마저도 짐처럼 느껴질 순간이 오기도 한다. 지팡이는 최대한 가벼운 것으로 고르자.

돌을 이용한 액세서리 및 그릇, 잡화 등을 판매하는 이와쿠라(岩座)

고토히라구

金刀比羅宮

바다의 신으로 사랑받는 오모노누시노카미(大物主神)를 모신 전국 고토히라 신사의 총본산이다. 해상 교통의 수호신으로서 풍년과 바닷길의 안전을 기도하는 곳으로 매년 많은 참배객이 방문한다. 본궁까지는 785개 계단, 오쿠샤(奧社)까지는 1368개 계단을 올라야 한다. 보통 본궁까지 가서 참배 후 돌아오는 방문객이 대부분이다. 참배길에 중요 문화재 건축물과 미술품 등 역사, 문화와 관련된 볼거리로 가득하다.

높은 돌계단을 올라야 하는 것으로 유명하지만, 계단만 계속 있는 것이 아니라 평지와 계단이 섞여 있고, 중간중간 쉴 곳과 볼거리가 마련되어 있다. 충분한 휴식을 취하며 오른다면 견딜만한 피로도이다. 다만, 본궁으로 가기 전 마지막 계단의 경사가 가팔라 보는 것만으로 압도당하는 기분이다. 휴식 없이 끝까지 오르면 허벅지가 터질 것 같은 고통을 느낄지도 모른다. 하지만 가파른 계단인 만큼 본궁에 다다라 내려다보는 경치는 고행길을 견딘 자만이 얻을 수 있는 특권이다. 멋진 전망을 감상하고, 오미쿠지를 뽑으며 본궁에 다다른 기쁨을 만끽하고 내려가자.

길흉을 점쳐보는 제비뽑기, 오미쿠지(おみくじ). 100엔이니 가벼운 마음으로 해보기 좋다. 귀여운 금색 곤피라이누는 덤!

📍 다이몬에서 본궁까지 도보 30분(가파른 돌계단)
🏠 仲多度郡琴平町892-1
🕐 4~9월 06:00~18:00, 10~3월 06:00~17:00 / 무휴
📞 0877-75-2121
🌐 www.konpira.or.jp

아찔한 높이의 계단

높이 올라온 만큼 탁 트인 경치로 가슴이 뻥 뚫린다.

S P E C I A L

고토히라구 본궁 코스 살펴보기

고토히라구는 높고도 많은 돌계단으로 유명해서 가벼운 산책의 마음으로 왔다면 경내 입구인 다이몬까지만 가는 편이 나을 수 있다. 하지만 체력이 된다면 참배하는 마음으로 본궁까지 도달해보자. 본궁의 멋진 경치는 가파른 돌계단을 극복한 사람만이 볼 수 있는 풍경이다.

다이몬
大門
1

365째 계단의 대문이자 경내 입구.
이곳에서 내려다보는 경치도 볼만하다.

호모츠칸
宝物館
4

입장료 800엔
메이지시대에 지어진 일본 가장 초기의
박물관으로 각종 미술품과 문화재를 전시한다.

5인백성
五人百姓
2

본래 장사가 불가능한 경내이지만,
특별히 허가를 받은 5개 점포.

사쿠라바바
桜馬場
3

길 양쪽으로 석등과 함께 수십 그루의 벚나무가
심겨져 있어 봄에는 벚꽃 축제로 유명하다.

이곳에서 판매하는 카미요아메(加美代飴)는 유자향이 감도는 달콤한 엿의 일종으로 작은 망치로 깨서 먹는다.

다카하시 유이치 미술관
高橋由一館

5

입장료 800엔

일본 미술 교과서에도 등장하는
일본 근대 서양화의 개척자, 다카하시 유이치의
유채화를 전시한다.

6 곤피라이누
こんぴら狗

식비와 헌금을 목에 달아
주인 대신 참배하러 온 곤피라이누의
이야기를 모티브로 한 동상.

신메
神馬

7

신이 타기 위한 말을 기르는 마구간.
실제로 말을 기르고 있다.

오모테쇼인
表書院

8

에도시대 초기에 지어진 영빈관. 에도시대 중기의
화가 마루야마 오쿄(円山応挙) 등의
장벽화를 감상할 수 있다.

본궁
本宮

10

벽과 천장은 금가루를 사용한 화려한 그림으로
꾸며져 있다. 높은 돌계단을 오른 만큼
시원한 경치를 자랑한다.

아사히사
旭社

9

1837년에 준공한 높이 약 18미터의 장엄한 건물로,
본궁으로 착각하는 사람도 있다.

멀게만 느껴지는 계단이지만,
마지막 고비이니 힘내서 오르자.

나카노 우동 학교
中野うどん学校

사누키우동의 고장에서 체험하는 우동 만들기 체험. 다카마츠와 고토히라 두 곳에 있지만, 다카마츠점은 교통이 불편해 대부분 고토히라점을 고토히라 관광 겸으로 들른다. 음악의 리듬에 맞춰 반죽하는 즐거운 우동 체험이라 남녀노소 다 함께 즐기기 좋다. 특히 교육을 담당하는 선생님들이 굉장히 활기차서 보기만 해도 피식피식 웃음이 난다. 다만, 개인 여행자나 내향적인 사람에게는 워낙 단체 손님이 많은 편이라 부담스럽게 느껴질지도 모른다. 일본어로 진행되기는 하지만, 체험 과정을 모두 직접 보여주고 다 함께 만드는 분위기라 이해하는 데 전혀 문제없다. 실제로 일본인을 비롯해 서양인까지 다양한 나라의 사람들이 방문한다. 체험 시간은 40~50분 정도로 식사를 선택한 사람들은 체험 후 층을 이동해 직접 면을 삶아 먹는다. 홈페이지에서 미리 예약을 해야 한다. 고토히라에 본관과 별관이 있으니, 카운터 직원에게 예약 확인 후 어느 곳으로 가야 하는지 확실히 물어보자.

- 📍 고토덴 고토덴코토히라역에서 도보 10분
- 🍴 仲多度郡琴平町796
- 🕐 09:00~15:00
- 💴 1인 1500엔(2인 이상 가능, 우동 외 식사 요금 별도)
- 📞 0877-75-0001
- 🏠 www.nakanoya.net

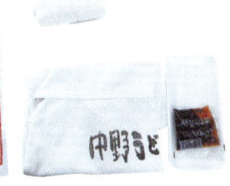

❶ 준비된 반죽이 밀대만큼 길어지도록 민다.

❷ 길게 늘어난 반죽을 차곡차곡 접어 4밀리미터의 굵기로 잘라낸다.

❸ 면을 풀어 그릇에 담는다. 이 면은 체험 후 식사 때 삶아 먹는다.

❹ 준비된 밀가루와 염수를 넣고 섞어 반죽을 만든다.

❼ 식사하는 곳으로 이동해 만든 면을 삶아서 맛있게 먹는다.

❻ 잘 밟은 반죽은 포장해 집으로 가져간다.

❺ 반죽을 포개 비닐에 담고 음악에 맞춰 발로 밟는 과정을 여러 차례 진행한다.

구 곤피라 대극장

旧金毘羅大芝居

1835년 에도시대에 지어진 일본에서 가장 오래된 연극 극장으로 지금도 가부키를 비롯해 전통 연극 공연이 열린다. 공연이 없을 때는 내부 견학을 진행하는데, 화려하고 웅장한 무대 뒤편에는 배우들이 사용하던 분장실, 회전 무대와 같은 오래된 무대 장치와 시설이 그대로 남아 있어 구경하는 재미가 있다. 객석이 칸칸이 구분된 특이한 모양새로 칸마다 관람객이 들어가서 연극을 감상한다. 2층 좌석에서는 극장의 전체 모습을 한눈에 볼 수 있다. 시간이 맞으면 안내자가 함께 구석구석 돌며 일본어로 설명해준다.

- 나카노 우동 학교에서 도보 10분
- 仲多度郡琴平町乙1241
- 09:00~17:00 / 무휴
- 견학 500엔(우동 패스포트 할인)
- 0877-73-3846
- www.konpirakabuki.jp

DAY PLUS

고토히라의 유명 온천

고토산카쿠
琴参閣

고토히라에서 큰 규모와 유명세를 자랑하는 대표 온천으로 2개 건물로 된 대형 료칸이다. 당일치기 온천을 꼭 하고 싶다면 들르기 좋은 곳이다. 고토히라구의 무자비한 돌계단으로 지친 몸을 풀어주기에도 딱 좋다. 1층 전체를 차지하는 대욕장과 노천탕은 멋진 풍경을 바라보며 몸의 피로를 풀 수 있어 운치 있다. 온천수는 단순방사능냉광천으로 신경통, 근육통, 관절통 등에 효과가 좋다.

- 고토덴 고토덴코토히라역에서 도보 5분
- 仲多度郡琴平町685-11
- 당일 온천 11:00~16:00 / 수요일 휴무
- 당일 온천 900엔
- 0877-75-1000
- www.kotosankaku.jp

고바이테이
紅梅亭

고토산카쿠 바로 근처에 있는 온천 료칸으로, 지하 1층과 1층 정원에 대욕탕과 노천탕이 있다. 규모가 크지는 않지만 가격 면에서도 살짝 고급화된 느낌이다. 수질이 다른 2종류의 온천수를 15가지의 욕탕에 담아, 여기저기 들어가 보는 재미로 가득하다. 족욕탕을 비롯해 사우나, 시간에 따라 꽃잎이나 과일을 띄우는 욕탕 등 종류가 다양하다. 온천수는 나트륨&칼슘, 염화물 온천으로 신경통, 근육통, 관절통 등에 효과가 좋다고 한다.

- 고토산카쿠에서 도보 2분
- 仲多度郡琴平町556-1
- 당일 온천 11:00~15:00 / 무휴
- 당일 온천 1858엔
- 0877-75-1588
- www.koubaitei.jp

DAY PLUS

고토히라의 명물 맛집

곤피라우동
こんぴらうどん

식사할 곳이 마땅치 않은 고토히라에서 아침 일찍 문을 열고, 곤피라오모테산도에 위치해 접근성이 좋다. 문을 연 지 65년 이상이 된 우동 전문점으로 계절에 따라 여름에는 가늘게, 겨울에는 두껍게 면 굵기도 살짝 다르게 만든다. 고토히라구의 참배객 대부분이 이곳에서 식사하지 않을까 싶을 정도로 규모 또한 크다. 가장 인기 있는 메뉴는 쇼유텐(しょうゆ天, 670엔)으로 새우튀김(えび天)이 올라간 것과 닭튀김(とり天)이 올라간 것 두 가지다. 다른 우동 전문점과는 다르게 우동 위에 가다랑어포를 올려줘 살짝 달달하게 느껴진다.

📍 니카노 우동 학교 건너편
🏠 仲多度郡琴平町810-3
🕐 08:00~17:00 / 무휴
📞 0877-73-5785
🌐 www.konpira.co.jp

다나카야
田中屋

호네츠키도리(810엔) 맛집으로, 고토히라에서 저녁 식사를 한다면 추천하는 곳이다. 가격 대비 양도 적당한 편이고, 무엇보다도 맛있는 오야도리를 먹을 수 있다. 보통 호네츠키도리 중 부드러운 육질을 원한다면 와카도리(若鶏), 씹는 맛을 즐기고 싶다면 오야도리(親鶏)를 선택한다. 그러나 오야도리의 경우 씹는 맛이 아닌 그저 질긴 고기를 내오는 곳이 많은데, 이곳의 오야도리는 그야말로 딱 좋은 씹는 맛이 느껴진다. 호네츠키도리만 먹기에는 살짝 짭짤하고, 느끼할 수 있으니 샐러드(田中屋シーザーサラダ, 650엔)처럼 맛이 중화되는 요리와 함께 먹으면 좋다.

📍 고토덴 고토덴코토히라역에서 도보 3분
🏠 仲多度郡琴平町685-11
🕐 11:00~15:00, 17:00~24:00 / 무휴
📞 0877-75-1884
🌐 honetsukidori-tanakaya.com

쇼유마메(しょう油豆, 340엔)와 생맥주(生ビール, 490엔)

📍 나카노 우동 학교 건너편, 관광안내소 내
🏠 仲多度郡琴平町811
🕐 10:00~16:00 / 무휴
📞 0877-75-3788

쇼유마메혼포
しょうゆ豆本舗

고토히라의 명물 가마타마소프트(かまたまソフト, 350엔)를 파는 곳으로 관광안내소 한쪽에 자리 잡고 있다. 우동 면이 쌓인 듯인 소프트크림 위에 소스와 파를 올려준다. 독특한 비주얼로 고토히라 필수 먹거리가 되었지만, 맛은 그냥 우유 소프트크림이다.

나카노야 고토히라
ナカノヤ 琴平

나카노 우동 학교 한쪽에 자리 잡은 아이스크림 판매소로, 오이리를 붙인 와산본소프트(和三盆ソフト, 350엔)가 유명하다. 일본 전통 설탕인 와산본은 일본 화과자에 사용되며, 고급스러운 단맛을 낸다.

📍 나카노 우동 학교 내
🏠 仲多度郡琴平町796
🕐 09:00~17:00 / 무휴
📞 0877-75-0001

데라코야혼포
寺子屋本舗

두부아이스(豆腐アイス, 380엔)와 간장아이스(醬油アイス, 380엔)로 유명한 소프트크림집. 두부아이스는 소프트크림 중에서도 살짝 단단한 제형으로 단맛이 강하지 않고, 담백해 맛있다.

📍 곤피라우동 건너편
🏠 仲多度郡琴平町959-4
🕐 09:30~17:30 / 무휴
📞 0877-75-2370

TAKAMATSU HOTEL
직접 묵어본 다카마츠 추천 호텔

다카마츠 펄 호텔
高松パールホテル

장단점이 아주 확실한 곳으로 다른 지역으로의 이동이나 섬을 자주 오갈 예정이라면, 위치적으로 추천한다. JR 다카마츠역, 버스터미널, 고토덴 다카마츠칫코역 모두 3분 이내로 걸어갈 수 있으며, 다카마츠항까지도 걸어서 10분도 안 걸린다. 위치 하나로 다른 조건을 감내하게 하는 숙소다. 가격대가 저렴한 만큼 오래된 건물 특유의 냄새가 나고, 청결 상태도 썩 좋다고 볼 수 없다. 방 또한 몸집이 작은 여성조차 좁다고 느껴질 정도다. 하지만 저렴하고 지역 이동 시 편리한 위치라서 숙소에서 잠만 자거나 도미토리 숙소에 익숙한 사람이라면 짧게 묵을 만하다. 카운터가 오후 5시부터 문을 열어 체크인 시간이 늦은 편이다. 일찍 도착하는 경우 건물 1층의 무료 또는 유료(100엔) 코인 로커를 이용하거나, 로커에 자리가 없으면 캐리어에 자물쇠를 걸어서 보관할 수 있다.

📍 다카마츠항에서 도보 8분
🗺 高松市西の丸町2-19
🕐 체크인 17:00~24:00, 체크아웃 12:00
📞 087-822-3382
🏠 www.pearl-hotel.net

다카마츠 워싱턴 호텔 플라자
高松ワシントンホテルプラザ

다카마츠 시내 중심가를 자주 돌아다닐 예정이라면 좋은 위치다. 바로 근처에 슈퍼마켓 마치마르쉐키무라가 있어 저렴하게 장보기도 좋고, 상점가가 바로 옆이라 저녁 쇼핑이나 늦게까지 한잔하고 싶다면 편리하다. 다카마츠항 쪽으로 가야는 경우, 걷기에는 멀고, 고토덴을 타기에는 짧은 애매한 거리이니 바로 옆의 렌터사이클 포트에서 자전거를 대여해 항구 근처 포트에 반납하면 딱 좋다. 싱글룸은 두 가지 넓이가 있는데, 10.6제곱미터 객실은 몸집이 작은 여성조차 좁다고 느낄 정도이니 비용을 추가하더라도 13.4제곱미터의 객실에서 묵는 것을 권한다. 일회용 치약과 칫솔은 객실 내에 비치되어 있지 않아 리셉션에서 받아가야 한다.

- 고토덴 가와라마치역에서 도보 7분
- 高松市瓦町1-2-3
- 체크인 14:00, 체크아웃 10:00
- 087-822-7111
- washington.jp/takamatsu

조식 시간은 오전 6시 30분에서 9시까지이고,
일본 가정식과 양식이 적절히 섞여 있는 구성이다.

3days in 다카마츠

초판 1쇄 2017년 12월 8일

발행인 양원석
본부장 김순미
편집장 고현진
취재·편집 김윤화
취재 협조 카가와현 관광청
디자인 RHK 디자인팀 이재원
지도 글터
일러스트 안다연
해외저작권 황지현
제작 문태일
영업마케팅 최창규, 김용환, 이영인, 정주호, 양정길, 이선미, 신우섭, 이규진, 김보영, 임도진

펴낸 곳 (주)알에이치코리아
주소 서울시 금천구 가산디지털2로 53 한라시그마밸리 20층
편집 문의 02-6443-8931 **구입 문의** 02-6443-8838
홈페이지 http://rhk.co.kr
등록 2004년 1월 15일 제 2-3726호

ⓒ 2017 알에이치코리아

ISBN 978-89-255-6270-4 (13980)

※ 이 책은 (주)알에이치코리아가 저작권자와의 계약에 따라 발행한 것이므로
   본사의 서면 동의 없이는 어떠한 형태나 수단으로도 이 책의 내용을 이용하지 못합니다.
※ 잘못된 책은 구입하신 서점에서 바꾸어 드립니다.
※ 책값은 뒤표지에 있습니다.